W0284045

Juliette Legros

BIENVENUE DANS MA MAISON *écologique*

Mise en garde

Malgré tout le soin apporté à la rédaction de cet ouvrage, une erreur aura pu s'y glisser. L'auteure et l'éditeur déclinent toute responsabilité concernant les propos présentés. Ce livre ne saurait remplacer un médecin ni se substituer à un traitement médical. Il appartient au lecteur de prendre ses responsabilités en matière de sécurité et de connaissances de sa condition physique ; l'auteure et l'éditeur ne sauraient être tenus pour responsables des conséquences qui découleraient de l'utilisation du présent ouvrage ni, bien sûr, en cas d'interprétation erronée.

Direction de la publication :
Isabelle Jeuge-Maynart et Ghislaine Stora

Direction éditoriale : **Aurélie Starckmann**

Édition : **Marie Gazagne**

Lecture-correction : **Laurence Alvado**

Direction artistique : **Géraldine Lamy**

Conception graphique : **Emmanuel Chaspoul**

Mise en page : **Istria**

Couverture : **Valentine Antenni**

Fabrication : **Marlène Delbeken**

Crédits photographiques : © archives Larousse/Olivier Ploton (p. 42) ; © Shutterstock, dont /Petrychenko Anton (p. 60 hd), /bangoland (p. 61 bd) ; © Wikimedia : p. 25 bd ; © Getty images/alekseystemmer (p. 74)

L'éditeur remercie pour leur contribution :
Laurent Blondel : p. 26 (Bio Cohérence) ; Alain Boyer : p. 25 (AB) et Manon Trahin

ISBN 978-2-03-598752-5

Juliette Legros

BIENVENUE DANS MA MAISON *écologique*

LAROUSSE

Sommaire

Faire des ÉCONOMIES d'énergie

L'électricité et le gaz

Appuyer sur un bouton pour avoir de la lumière, faire tourner sa machine à laver ou allumer le four et le chauffage sont des actes devenus anodins de nos jours. L'électricité, verte ou non, comme le gaz méritent pourtant toute notre attention.

NE PAS en ABUSER !

Ces deux sources d'énergie sont dans nos foyers et nous offrent un confort de vie fort appréciable, mais il n'est pas rare que nous en abusions. Or la consommation de ces ressources a un impact. À nous d'adopter de nouvelles habitudes pour le diminuer en appliquant certains gestes ou en faisant des choix plus respectueux de la planète.

Une électricité verte ?

Depuis l'ouverture du marché de l'électricité à la concurrence en 2007, les consommateurs peuvent changer de fournisseur d'énergie comme ils le souhaitent. En France, le nombre de consommateurs souscrivant une offre d'électricité verte est en forte augmentation. Mais ces offres vertes le sont-elles vraiment ? C'est sur cette question que s'est penchée l'Agence de l'environnement et de la maîtrise de l'énergie (Ademe). Elle distingue 2 types d'offres dites « vertes ».

• *Les vertes « standard ».* Dans ces offres, seul un tout petit pourcentage de l'énergie (1,1 % dans l'exemple cité par l'Ademe) est acheté aux producteurs d'énergie renouvelable.

• *Les vertes « premium ».* Près d'un tiers du total provient d'énergies renouvelables.

Le site **www.changeonsdenergie.com** permet d'informer les particuliers, entreprises et collectivités sur l'électricité d'origine renouvelable et les aide à faire leur choix de contrat en toute conscience. Lancé par l'Observatoire de la consommation responsable (OCR), il est soutenu par l'Ademe.

Greenpeace s'est également intéressé à cette question et arrive sensiblement aux mêmes conclusions. Afin de mieux guider les consommateurs dans leur choix de fournisseur d'électricité et leur permettre de réduire leur empreinte écologique, ils ont mis au point un *Guide de l'électricité verte* avec notamment un classement des fournisseurs d'énergie plus ou moins verts sur **www.guide-electricite-verte.fr**

LES 3 SOURCES D'ÉNERGIE

• Les énergies fossiles : le pétrole, le gaz naturel et le charbon.

• L'énergie nucléaire.

• Les énergies renouvelables : l'énergie solaire (photovoltaïque, solaire, thermique...), éolienne, hydraulique, la biomasse (bois énergie, biocarburants...) et la géothermie.

Quelle énergie consommons-nous ?

Dans l'Hexagone, seule **20 %** de la production d'électricité est d'origine renouvelable, contre **70 %** d'origine nucléaire. On compte sur le territoire 19 centrales et 58 réacteurs.

S'éclairer sans GASPILLER

Depuis 2012, les lampes à incandescence, énergivores et à la durée de vie limitée, ont été retirées du marché. Elles ont été principalement remplacées par les LBC (lampes basse consommation), aussi appelées LFC (lampes fluo-compactes), et plus récemment encore par les LED (light-emitting diode ou, en français, diode électro-luminescente).

- *Les LBC :* ces lampes fluorescentes sont plus efficaces et économes en énergie que celles à incandescence ou que les halogènes.

- *Les LED :* composées de plusieurs LED (un LED est un composant électronique qui émet de la lumière au passage d'un courant électrique), ces lampes sont également moins énergivores que les lampes à incandescence.

Bien choisir ses équipements : l'ÉTIQUETTE énergie

Économiser de l'énergie passe aussi par le choix des équipements. Pour nous aider à les comparer, l'étiquette énergie est riche en informations.

La classe énergétique

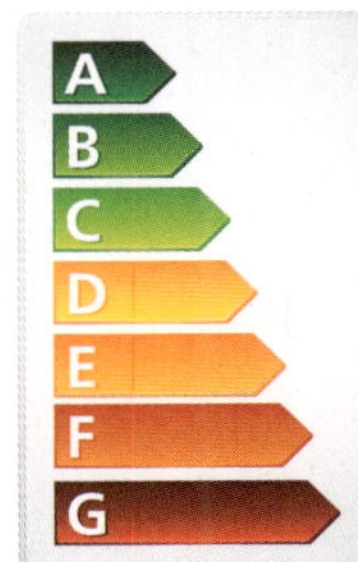

C'est la partie de l'étiquette qu'il convient de regarder de près. Elle se traduit par une échelle allant de **A (vert foncé)** à **G (rouge)**. Le hic, c'est que tous les équipements (lave-linge, réfrigérateur, téléviseur, aspirateur…) n'ont pas la même échelle. Par exemple, pour les réfrigérateurs, congélateurs et appareils combinés, les fabricants ne peuvent livrer que des appareils de classe A+, A++ et A+++. La classe A+ désigne alors les appareils neufs les moins performants. Pour y voir plus clair, rendez-vous page suivante.

LBC	LED
• *Faible consommation en énergie*	• *Faible consommation en énergie*
• *Moins chères*	• *Plus chères*
• *Durée de vie moins longue (jusqu'à 10 000 heures)*	• *Durée de vie plus longue (jusqu'à 40 000 heures)*
• *S'allument progressivement*	• *S'allument instantanément*

CLASSEMENT DES PRINCIPAUX APPAREILS MÉNAGERS

	CLASSES D'ÉNERGIE DES APPAREILS SUR LE MARCHÉ		ÉCHELLE DES CLASSES SUR L'ÉTIQUETTE ÉNERGIE
	Le mieux classé	*Le moins bien classé*	
Réfrigérateur, congélateur, appareil combiné	A+++	A+	A+++ à D
Cave à vin	A++	D	A+++ à G
Lave-vaisselle	A+++	A+	A+++ à D
Lave-linge	A+++	A+	A+++ à D
Sèche-linge	A++	B	A+++ à D
Four	A+++	A	A+++ à D
Hotte	A++	D	A++ à E
Lampe LBC	A++	B	A++ à B
Lampe à LED	A++	A	A++ à A
Téléviseur	A++	C	A++ à E

Les autres informations

Sur les étiquettes énergie apparaissent des caractéristiques propres à chaque appareil : la consommation d'énergie (en kWh/an) ; la consommation d'eau (en litres/an) ; la capacité (en nombre de couverts, en kilos de linge, en litres pour un réfrigérateur) ; le niveau de bruit ; l'efficacité d'essorage... Autant de données qu'il est intéressant de prendre en considération lors d'un achat.

Bien ENTRETENIR SES *appareils*

Une autre manière de limiter la consommation d'énergie de vos appareils est d'en prendre soin. Vous optimisez ainsi la consommation (un congélateur dégivré consomme beaucoup moins qu'un congélateur plein de givre) et vous prolongez leur durée de vie, ce qui permet notamment de produire moins de ces déchets compliqués à gérer pour la communauté.

Une nouvelle ÉTIQUETTE énergie en 2021 !

Entre autres changements, les « + », sources de nombreuses confusions, vont disparaître. À partir du 1er mars 2021 (avant de se généraliser à l'ensemble de l'électroménager), la nouvelle étiquette concernera les lave-vaisselle, lave-linge, sèche-linge, réfrigérateurs (domestiques et professionnels), lampes, dispositifs d'affichage électroniques, y compris les téléviseurs.

Astuces pour économiser l'électricité

• ***Baisser le chauffage.*** 19 °C convient aux pièces à vivre comme le salon, la salle à manger ou la cuisine. Pour les chambres, la température idéale se situe entre 16 et 17 °C.

• ***Utiliser des multiprises à interrupteur.*** Cela permet d'éteindre facilement les appareils qui, en veille, continuent de consommer de l'électricité. Une box allumée et/ou en veille 24 h/24 consomme autant qu'un réfrigérateur.

• ***Laver son linge à basse température.*** Un cycle à 30 °C consomme 3 fois moins d'énergie qu'un cycle à 90 °C.

• ***Et aussi...*** Couvrir les casseroles pendant la cuisson, privilégier les programmes éco du lave-vaisselle, laisser son linge sécher à l'air libre... sont autant de petits gestes qui économisent l'énergie (et allègent les factures).

ATTENTION AUX APPAREILS EN VEILLE !

• Télévision, box, console de jeux consomment de l'électricité lorsqu'ils sont en veille. Sur une année, ces appareils représentent 10 % de la consommation d'électricité des ménages français, soit l'équivalent de 7 ampoules laissées allumées 24 h/24 pendant toute une année. C'est aussi un peu plus de 80 euros par an en moyenne.

• Les chargeurs laissés branchés, même sans appareil connecté, consomment eux aussi. Peu, mais leur nombre croît dans les foyers.

Se chauffer avec le GAZ

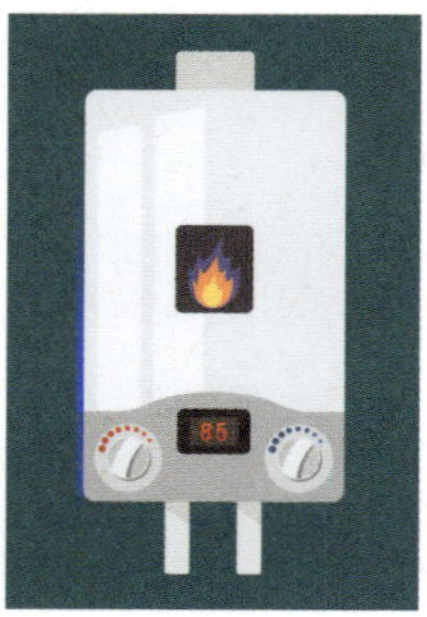

Dans de nombreux foyers, nous utilisons du gaz pour nous chauffer, pour l'eau chaude et pour la cuisson des aliments. La part pour se chauffer représente de loin le plus gros des dépenses. Lorsque l'on se chauffe au gaz, deux types de chauffage sont possibles :

• *La chaudière à gaz naturel* (ou chaudière à gaz classique) : moins chère à l'achat.

• *La chaudière à condensation :* beaucoup plus économe en consommation d'énergie, elle est plus coûteuse. Pour une puissance de chauffe identique, elle n'a pas besoin d'autant de combustible qu'une chaudière classique.

Se chauffer ÉCOLO !

• **Chauffage au bois* (bûches ou bûchettes) :** avec une cheminée ouverte, un poêle traditionnel ou un insert (foyer fermé avec récupérateur).

• **Chauffage aux granulés de bois* :** avec une chaudière à granulés.

• **Chauffage solaire :** avec un chauffe-eau solaire à accumulation.

• **Géothermie-aérothermie :** avec une pompe à chaleur.

* En prenant en compte la production, le transport et les émissions qu'il rejette dans l'atmosphère, le bois émet en moyenne 40 kg de CO_2 par mégawatt-heure, contre 180 pour l'électricité, 222 pour le gaz et 480 pour le fioul.

Mais d'où vient le GAZ ?

Le *gaz dit « naturel »* est un combustible fossile qui résulte de la décomposition, sur plusieurs millions d'années, d'organismes vivants tels que les algues, le plancton et parfois des végétaux. Il est présent dans le sous-sol sous forme gazeuse, très souvent contenu dans des poches situées au-dessus des gisements de pétrole.

Si l'extraction et le transport du gaz naturel conventionnel présentent peu de risques environnementaux, il en va tout autrement pour le tristement célèbre *gaz de schiste*, car son extraction nécessite de fracturer le sol, ce qui réclame des quantités d'eau faramineuses. Par ailleurs, l'industrie manque de transparence sur les additifs utilisés, et le risque de pollution des nappes phréatiques et des rivières est notable. Menée dans de mauvaises conditions, l'exploitation du gaz de schiste comporte donc des risques importants pour l'environnement et les populations.

Baisser son empreinte CARBONE

Il existe quelques travaux ou gestes simples pour réduire sa consommation énergétique, et ainsi son empreinte carbone.

- *Travaux :* installer des isolants, des fenêtres à double vitrage (ou une double toiture pour les propriétaires de maison).
- *Gestes simples :* fermer l'insert de la cheminée, mettre des rideaux épais aux fenêtres, placer des petits boudins en bas des portes peuvent venir en complément, comme ne pas oublier d'entretenir les radiateurs.

Pour rappel, les pièces à vivre n'ont pas besoin d'être au-dessus de 19 °C (et la chambre à coucher à 16 ou 17 °C). Quand on s'absente, baisser la température de 3 ou 4 °C est bien plus économique que d'arrêter tout à fait le chauffage. Quand on ne bouge pas, on se refroidit plus vite : les couvertures, plaids et bouillottes, tisanes, thé et soupes sont de précieux alliés pour se réchauffer.

BYE-BYE LA CLIM !

Les climatiseurs consomment des quantités d'énergie. Voici quelques conseils pour affronter une canicule sans clim.

1. Fermez toutes les fenêtres dès que la température extérieure dépasse celle de l'intérieur afin de ne pas faire entrer l'air chaud. Aérez la nuit pour rafraîchir l'air (si la température à l'extérieur est plus fraîche).

2. Fermez les volets ou les stores et les rideaux, qui servent d'isolants.

3. Éteignez les appareils électriques, sources de chaleur, comme les lampes, ordinateurs en veille, box…

4. Placez un linge mouillé ou une bouteille d'eau congelée devant un ventilateur. Le courant d'air permet de refroidir la pièce par évaporation.

5. Humidifiez les sols régulièrement avec une serpillière trempée pour rafraîchir l'air ambiant.

6. Appliquez un tissu frais sur les zones où vous pouvez sentir votre pouls, comme le cou ou les poignets. Et bien sûr, pensez à boire régulièrement !

L'eau, l'or bleu

L'eau est l'un des biens les plus précieux. Or, elle vient à manquer. Avoir l'eau courante – et potable – nous semble si naturel que nous oublions d'où elle vient, ceux qui n'en ont pas, et omettons souvent de l'utiliser avec parcimonie. Pourtant, il est facile de réduire sa consommation et surtout éviter de la gâcher.

L'EAU EST UNE Ressource INDISPENSABLE !

Selon l'OMS, par jour et par personne, 20 litres d'eau sont préconisés pour répondre aux besoins fondamentaux d'hydratation et d'hygiène. Pour vivre décemment, 50 litres d'eau ; pour un réel confort, à partir de 100 litres. Tous les pays développés se situent bien au-dessus de ces seuils. Pour un comportement plus raisonnable, certains gestes sont à notre portée.

L'eau se RARÉFIE !

Il ne s'agit pas (seulement) ici de penser à réduire sa facture. L'urgence est ailleurs : l'eau est une denrée précieuse dont les quantités diminuent. Le stress hydrique concerne déjà une large partie du monde, et d'après le Groupe d'experts intergouvernemental sur l'évolution du climat (GIEC), 38 % de la population mondiale sera exposée au stress hydrique en 2025, contre 9 % en 2008.

Si certains pays sont riches en eau, d'autres sont dans une situation plus que critique. Selon le World Resources Institute, 17 pays font face à des risques extrêmes de manque d'eau (le Moyen-Orient, le nord de l'Afrique et l'Inde sont particulièrement touchés). Près d'un quart de la population est en manque extrême d'eau.

En France, si la quantité d'eau disponible par habitant est importante, les territoires ne bénéficient pas des mêmes conditions (la Bretagne, par exemple, ne dispose que de peu de ressources naturelles). Nous consommons beaucoup d'eau, mais nous en gâchons surtout des quantités considérables.

QU'EST-CE QUE LE stress hydrique ?

Cette expression est employée pour désigner les périodes durant lesquelles la demande dépasse la quantité d'eau disponible, ou lorsque sa qualité en limite l'usage.

Les HABITUDES de consommation

D'après l'Ademe, en France :

- **Les quantités :** chaque Français a consommé en moyenne 143 litres d'eau par jour en 2013, soit plus de 200 000 litres d'eau par an pour un foyer de 4 personnes. (Rappelons que la production d'eau potable est très énergivore !)
- **Les consommateurs :** la consommation d'eau qui relève de la sphère domestique avoisine les 20 % ; une part non négligeable. Le reste concerne les secteurs de l'agriculture et de l'industrie.

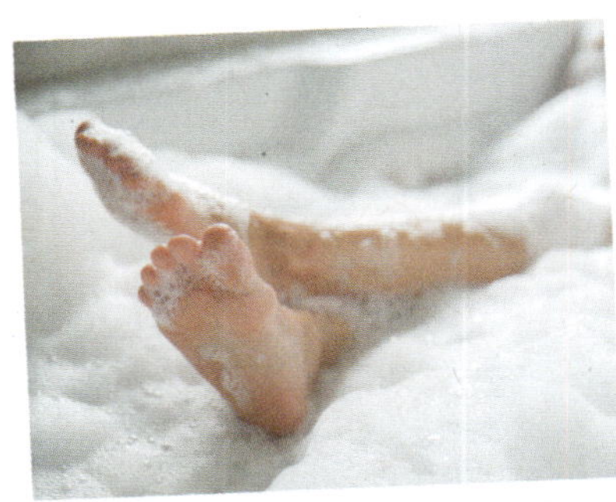

DANS LES FOYERS FRANÇAIS...

D'après l'Organisation mondiale de la santé (OMS), la consommation d'eau pour un ménage se répartit ainsi :

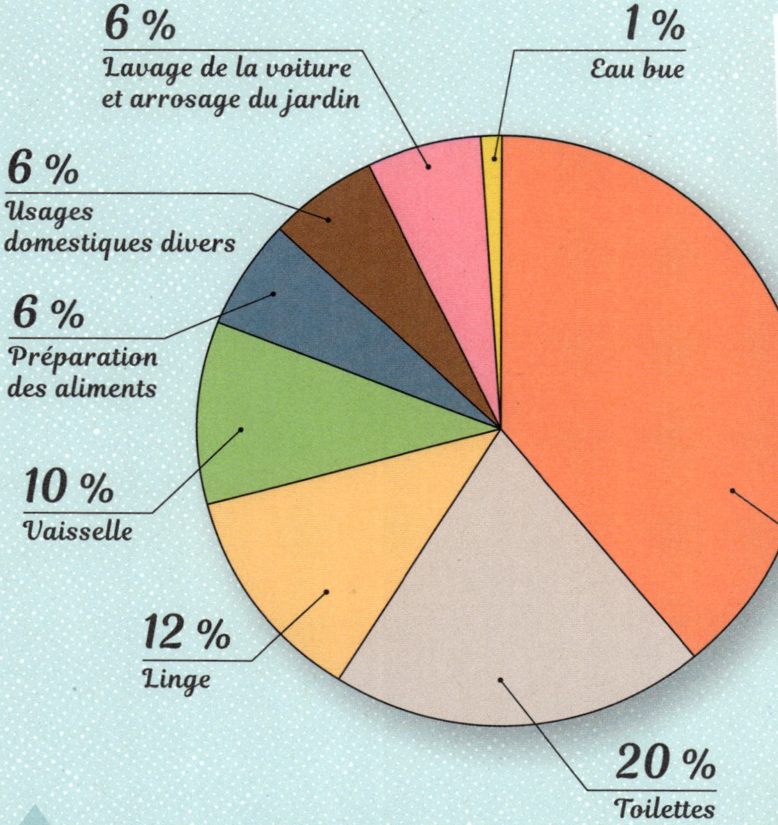

UN BILAN TRÈS PARLANT !

- Seuls 7 % de la quantité d'eau consommée à la maison sont utilisés pour boire et préparer les repas.
- Les 93 % restants sont utilisés pour l'hygiène, les toilettes, les lessives et la vaisselle, ou encore l'entretien.

Comment RÉDUIRE sa consommation ?

La chasse aux fuites

Les fuites d'eau relèvent du pur gaspillage. Les détecter et les traiter est donc la première chose à faire.

INFOS *antigaspi !*

Un robinet qui goutte, c'est en moyenne 120 litres d'eau par jour qui s'échappe inutilement. Une chasse d'eau qui fuit, c'est plus de 600 litres par jour !

Dans la cuisine

- Si vous utilisez un **lave-vaisselle**, veillez idéalement à acheter un modèle économe en eau (et en énergie !). Ce conseil est également valable pour la machine à laver le linge.
- Si vous faites la vaisselle **à la main**, la faire tremper sans utiliser trop de produit permet des économies d'eau.
- Par ailleurs, vous pouvez réutiliser l'**eau de cuisson** ou celle utilisée pour laver les légumes afin de faire tremper la vaisselle avant de la nettoyer ou pour les plantes (à condition d'attendre qu'elle ait refroidi).

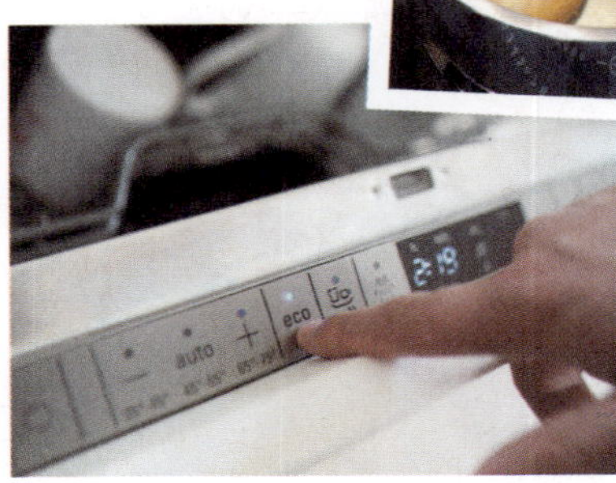

Dans la salle de bains

• **Côté lavabo,** inutile de laisser couler l'eau quand vous vous lavez les mains, les dents ou que vous vous rasez.

• **Côté toilettes,** installez une chasse d'eau avec un double bouton poussoir. Autre possibilité : ajouter une brique ou une bouteille d'eau pleine dans le réservoir. Celui-ci contiendra alors moins d'eau grâce au volume occupé par l'objet et il en libérera moins lorsque la chasse sera tirée.

• **Côté bain/douche :** privilégiez la douche (courte !), bien sûr. Vous pouvez également utiliser un pommeau de douche à faible débit d'eau, lequel passera ainsi de 10-20 litres par minute à 5-10 litres seulement. Coupez l'eau au moment de vous savonner. Pour les robinets, équipez-les de réducteurs de débit (aussi appelés « mousseurs »).

Dans le jardin

• **L'arrosage :** arroser tôt le matin ou le soir permet d'économiser 6 litres d'eau par mètre carré – autant de litres qui s'évaporent si on les déverse en pleine journée. Évidemment, en période de sécheresse, il est important de respecter les arrêtés de restriction d'eau.

• **Les récupérateurs d'eau :** ce sont des petites merveilles pour économiser l'eau au jardin. Très simples à mettre en place, ils stockent l'eau de pluie, une source naturelle inépuisable !

DOUCHE VS BAIN

Une douche de 5 minutes consomme entre 40 et 60 litres d'eau, lorsque remplir la baignoire vous demandera entre 120 et 200 litres. En résumé :

1 bain = 3 à 5 douches de 5 minutes

Dans la cuisine et
LA SALLE DE BAINS

Manger local, de saison et bio

Notre assiette a un impact considérable sur notre santé et la planète, et il est essentiel de prendre soin des deux. Pour des courses à l'empreinte carbone allégée, quelques règles sont à suivre : acheter des produits locaux, de saison et issus de l'agriculture biologique.

OÙ FAIRE SES Courses ?

L'offre alimentaire est aujourd'hui pléthorique. Artisans de bouche, super et hypermarchés, AMAP, enseignes spécialisées bio qui pratiquent la vente en vrac, marchés... Où est-on sûr de faire les meilleurs achats ?

Pour faire COURT, *on* devient *locavore* !

Derrière le drôle de mot « *locavore* » se cache un principe plein de bon sens : acheter ce qui a été produit près de chez soi, ce qui permet d'éviter aux denrées de voyager excessivement. Si on peut difficilement acheter tout en production locale (café, thé et cacao sont, par exemple, des denrées qui ne sont pas produites en Europe pour des raisons de climat), les fruits, légumes, viandes et œufs produits localement sont à la portée de tous *via* les marchés de producteurs, les AMAP ou les organisations de type La Ruche qui dit Oui !

Le circuit court est un cousin du locavorisme. Il s'agit là d'un mode de distribution de produits alimentaires dans lequel il n'y a aucun ou un seul intermédiaire entre le producteur et le consommateur. On l'oppose au mode de distribution des super et hypermarchés qui, eux, s'appuient sur plusieurs intermédiaires (grossistes, détaillants…), et donc des circuits longs.

La plupart du temps, le circuit court permet des prix plus bas (aucun intermédiaire ne prend de commission, ou alors un seul) et il est bénéfique à l'environnement, car les denrées sont souvent produites localement, d'où le cousinage avec le locavorisme.

LES CIRCUITS COURTS LES PLUS CONNUS !

1. Les associations de type AMAP (Association pour le maintien d'une agriculture paysanne)
2. Les entreprises du type La Ruche qui dit Oui !
3. Les cueillettes
4. Les drive fermiers
5. La vente directe à la ferme
6. Les marchés de petits producteurs

(La liste n'est pas exhaustive !)

La Ruche qui dit Oui ! et AMAP : QUELLES DIFFÉRENCES ?

Si chacune permet à des consommateurs de bénéficier, chaque semaine ou tous les quinze jours, d'un panier de fruits et légumes de production locale, elles reposent sur deux modèles distincts.

L'AMAP est une association loi 1901 dirigée par un comité bénévole qui relie producteurs locaux et consommateurs. La Ruche qui dit Oui ! est une Entreprise solidaire d'utilité sociale (ESUS) qui possède donc une dimension commerciale et met en contact producteurs locaux et consommateurs au sein d'une Ruche.

Autre différence : le contenu du panier d'une AMAP dépend uniquement de la production des agriculteurs, alors que celui de La Ruche est choisi par le consommateur en fonction d'une sélection présentée sur Internet.

Manger de saison

Les fruits et légumes

C'est une question de bon sens, mais les étals surchargés des mêmes fruits et légumes tout au long de l'année, en particulier dans les super et hypermarchés, nous désorientent. La tomate est un beau symbole de cette hérésie. Fruit d'été par excellence, elle est pourtant vendue toute l'année. Or, les tomates produites hors saison poussent loin de chez nous, souvent sous serres et avec des pesticides.

Manger de saison permet de manger des fruits et légumes aux **saveurs plus marquées.** Cueillis à maturité, ils sont également plus **riches en nutriments.** Autres avantages : la nature étant bien faite, on trouve en été des fruits et légumes riches en eau (melon, tomate, nectarine, concombre…) qui nous réhydrate ; et la nature, toujours pleine de ressources, nous offre une diversité de fruits et légumes au fil des saisons dont nous aurions tort de priver nos papilles.

Cela permet aussi de trouver des produits à prix plus doux !

On n'oublie pas les autres produits

Les fruits et les légumes n'ont pas l'apanage des saisons !

• **Les fromages** présentent deux variables importantes. Tout d'abord, le temps d'affinage – un comté de 4 mois n'aura pas les mêmes saveurs qu'un autre de 18 ou 24 mois. Ensuite, le lait différera selon ce que la vache aura mangé – du foin en hiver, de l'herbe des champs au printemps ou celle des alpages en été ; les comtés d'été sont ainsi plus riches que ceux d'hiver.

• **Les poissons et fruits de mer** ont aussi leurs saisons. Chaque espèce a son cycle naturel qui comprend une période de reproduction durant laquelle on ne doit pas la pêcher/consommer.

LE CALENDRIER
des fruits et légumes de saison

(Source : mangerbouger.fr)

	FRUITS	LÉGUMES
Printemps	Abricot, Amande fraîche, Banane, Cassis, Cerise, Fraise, Fraise des bois, Framboise, Melon, Mûre, Pomme, Prune, Rhubarbe. 	Artichaut, Asperge, Aubergine, Betterave, Carotte, Céleri, Chou-fleur, Chou rouge, Concombre, Courgette, Cresson, Épinard, Fève, Lentille, Navet, Oignon, Oseille, Petit pois, Poireau, Pois gourmand, Poivron, Radis, Salade frisée, romaine ou laitue, Tomate. 
Été 	Abricot, Amande, Banane, Brugnon, Cassis, Cerise, Figue, Fraise, Fraise des bois, Framboise, Groseille, Melon, Mirabelle, Mûre, Myrtille, Nectarine, Pastèque, Pêche, Poire, Pomme, Prune, Quetsche, Raisin, Reine-claude. 	Ail, Artichaut, Aubergine, Batavia, Betterave rouge, Blette, Brocoli, Carotte, Chou de Bruxelles, Chou-fleur, Chou rouge, Concombre, Cornichon, Courge, Courgette, Cresson, Épinard, Fenouil, Fève, Haricot vert, Laitue, Lentille, Maïs, Mesclun, Navet, Oignon, Oseille, Pâtisson, Poireau, Poivron, Radis, Salade, Salsifis, Tomate. 
Automne	Banane, Châtaigne, Clémentine, Coing, Figue, Kiwi, Mandarine, Myrtille, Noix, Olive, Orange, Pêche de vigne, Poire, Pomme, Prune, Quetsche, Raisin. 	Betterave rouge, Blette, Bolet, Brocoli, Carotte, Céleri, Cèpe, Chou chinois, Chou de Bruxelles, Chou-fleur, Coprin chevelu, Courge, Cresson, Endive, Épinard, Fenouil, Laitue, Mâche, Maïs, Navet, Oignon, Panais, Pied de mouton, Pleurote, Poireau, Potiron, Radis, Rosée des prés, Salade, Salsifis, Topinambour, Trompette-de-la-mort. 
Hiver	Ananas, Avocat, Banane, Citron, Clémentine, Fruit de la Passion, Goyave, Grenade, Kaki, Kiwi, Litchi, Mandarine, Mangue, Pamplemousse, Papaye, Poire, Pomelo, Pomme, Orange, Orange sanguine.	Betterave, Brocoli, Cardon, Carotte, Céleri, Chou, Chou de Bruxelles, Chou-fleur, Courge, Cresson, Crosne, Endive, Épinard, Mâche, Navet, Oignon, Oseille, Panais, Pissenlit, Poireau, Potiron, Radis, Salsifis, Topinambour.

Produits HORS SAISON du BOUT du MONDE

Pourquoi consommer à Noël des **asperges** du Pérou – qui se trouve à 10 000 km de chez nous – lorsque nous en produisons dans l'Hexagone d'avril à juin ? Ou des **homards** alors que la saison du homard breton s'étend de la mi-avril à la fin août ? L'**artichaut** arrive avec le printemps, en mars, et dure jusqu'en septembre (il est principalement produit en Bretagne).

Pourquoi manger BIO ?

C'est avant tout à notre santé que nous pensons quand nous achetons des produits bio – et nous avons bien raison. Mais en plus d'être plus sains que les denrées non bio, leur production est plus vertueuse. Depuis 2010, l'agriculture biologique est soumise à une réglementation spécifique européenne.

Du côté des végétaux

Les fruits et légumes bio sont produits sans engrais ni pesticides de synthèse (en revanche, des engrais et pesticides naturels sont utilisés). Des agents biologiques sont employés pour lutter contre les nuisibles et on a recours aux techniques mécaniques pour ôter les mauvaises herbes (travail au sol, paillage, solarisation…). On pratique également la rotation des cultures afin de laisser du temps au sol pour se régénérer et rester fertile.

ON ÉPLUCHE !

Manger des fruits et légumes non bio, c'est ingérer des résidus de pesticides. Or, et il est important de le rappeler, un tiers de ceux détectés dans nos aliments sont issus de molécules suspectées d'être des perturbateurs endocriniens. Pour diminuer les quantités de ces toxiques, rincer les fruits et les légumes ne suffit malheureusement pas. L'alternative la plus sûre est d'éplucher ce que nous mangeons, quitte à perdre les nutriments présents en masse dans ces « peaux », même si cela n'élimine pas tous les résidus qui sont également présents, mais en quantités inférieures, dans la chair.

Du côté des animaux

L'élevage extensif, par opposition à l'élevage intensif, est encadré. Tous les animaux ont accès aux parcours extérieurs et les ruminants pâturent dès que les conditions le permettent. Chaque animal dispose d'un espace bien aéré, de lumière et d'une surface minimale. Les traitements hormonaux, le clonage et le transfert d'embryon sont interdits.

La nourriture des animaux est obtenue suivant les règles de l'agriculture biologique. Les jeunes mammifères sont nourris au lait maternel de préférence ou avec des laits naturels. Le gavage est interdit. Enfin, d'après la réglementation européenne, « toute souffrance, y compris la mutilation, est réduite au minimum pendant toute la durée de vie de l'animal, y compris lors de l'abattage ».

L'agriculture biologique et les labels

On reconnaît les produits bio ou issus de l'agriculture biologique surtout grâce au **logo français AB** datant de 1985. Il garantit d'abord que l'agriculture

Bien choisir ses œufs !

Savoir décrypter le code qui figure sur chaque œuf vous renseignera sur sa provenance et ses conditions de ponte :

0FR : élevage en France, en plein air et en agriculture biologique.

1FR : élevage en France et en plein air.

2FR : élevage en France et au sol (dans des bâtiments fermés, avec peu d'espace)

3FR : élevage en France et en cage.

POISSONS : NE MANGEONS PLUS LES ESPÈCES MENACÉES

Surexploitées par la pêche industrielle, de nombreuses espèces de poissons sont menacées d'extinction. Elles représentent la moitié des espèces pêchées. Parmi elles, le cabillaud, la raie, la morue du Canada, le saumon de l'Atlantique, le thon rouge, la sole… L'anguille, la dorade, le merlan, le lieu noir, la bonite, le bar, la sardine sont, quant à eux, des espèces qui ne sont pas menacées aujourd'hui.

MSC (Marine Stewardship Council), le label le plus répandu en matière de pêche durable, certifie les pêcheries si ces dernières ne pratiquent pas la surpêche (il doit rester suffisamment de poissons dans les mers pour maintenir les stocks à un niveau sain) ou encore si la pêcherie n'a pas d'impact sur la vie marine au sens large, soit sur les mammifères marins, les oiseaux et les coraux. Pour une consommation écoresponsable, on peut aussi s'appuyer sur le label Pêche Durable, le premier écolabel public français.

biologique n'utilise pas de produits chimiques de synthèse. Les réglementations ont évolué au fil des années et d'autres points ont été ajoutés : aucune utilisation d'OGM (un seuil de contamination accidentel par les OGM est tout de même toléré jusqu'à 0,9 % en poids) ; le respect du bien-être animal, que cela concerne les conditions d'élevage, de transport ou d'abattage ; une quantité minimale de 95 % d'ingrédients issus de l'agriculture biologique pour les produits transformés.

Ce type d'agriculture implique aussi le respect de l'environnement et la préservation des ressources naturelles, l'entretien et le développement de la biodiversité, la rotation des cultures pour la régénération des sols.

En 2009, les critères de l'agriculture biologique se sont alignés sur le label bio européen (représenté par le **logo Eurofeuille**), un peu moins contraignant que le label AB initial. Depuis, on voit souvent les deux cohabiter sur un même produit : seul l'Eurofeuille est obligatoire, mais le logo AB persiste, car il reste mieux connu.

Depuis, d'autres labels ont vu le jour avec un cahier des charges différent, souvent plus contraignant que celui de l'agriculture biologique.

Les autres labels et leurs garanties

Pas facile d'y voir clair dans la jungle des labels ! Petit tour d'horizon des 4 autres labels remarquables.

• **Bio Cohérence.** Lorsque la charte européenne est venue remplacer la charte française, des producteurs ont décidé de créer en 2010 leur propre label ainsi qu'une charte plus exigeante. La dimension environnementale est évidemment forte (la certification bio déjà est nécessaire), mais à celle-ci s'ajoute une dimension éthique qui se traduit par des objectifs sociaux et humanistes, ainsi qu'une dimension économique qui permet notamment, grâce à des prix équitables, de dégager des revenus décents pour les producteurs.

• **Nature & Progrès.** Leurs engagements vont au-delà des critères européens. Fondée en 1964 par des citoyens engagés, l'association Nature & Progrès est au service du développement de l'agrobiologie et de l'alimentation de qualité. Aujourd'hui, ce label garantit une conversation totale en bio (alimentation 100 % bio et interdiction totale des OGM).

• **Demeter.** Inspirée par le philosophe autrichien Rudolf Steiner, à l'origine du mouvement de la biodynamie, cette association née en 1924 propose des produits issus de l'agriculture biodynamique dans le respect de la terre, des hommes et des animaux. Le cahier des charges repose sur celui du label européen, mais avec des engagements spécifiques comme l'utilisation de préparations naturelles destinées à vivifier les sols, le recours aux flux énergétiques du sol et des astres (la Lune en premier lieu, mais pas seulement), des exploitations de taille raisonnable, l'utilisation maximale des déchets.

• **Biopartenaire.** Si les produits porteurs de ce label doivent être conformes aux exigences du label européen (et afficher son logo), ils garantissent également un commerce dit « équitable » et/ou « solidaire » (Biopartenaire est l'alliance de deux anciens labels, Bio équitable et Bio solidaire, le premier concernant les produits du Sud et le second ceux du Nord). Un revenu juste est assuré aux producteurs, et les prix d'achat sont régulièrement discutés entre les partenaires. L'idée ? S'engager dans une politique sociale et environnementale, apporter une dynamique à l'économie locale.

Limiter et trier les déchets

Le meilleur déchet est celui qu'on ne produit pas. Il existe 3 leviers pour diminuer la production de déchets : bannir les objets à usage unique, acheter en vrac... ou acheter moins. Sans oublier l'étape du tri pour favoriser le recyclage !

COMMENT sont-ils TRAITÉS ?

Selon l'Ademe, chaque Français a produit 568 kg de déchets ménagers et assimilés en 2016. L'Union européenne a adopté en 2018 une législation qui prévoit que 55 % des déchets municipaux seront recyclés en 2025, 60 % en 2030 et 65 % d'ici 2035. Les déchets ménagers dangereux, les biodéchets et les déchets textiles « devront faire l'objet d'une collecte séparée », respectivement en 2022, 2023 et 2025. En attendant, nous pouvons faire des choix personnels pour alléger nos poubelles.

Bannir les objets à usage UNIQUE

Ils sont partout dans la maison et on a pris la mauvaise habitude du tout jetable, ou presque. Heureusement, certains objets sont aisément remplaçables par du durable. Une loi prévoit qu'en 2021 certains ne soient plus proposés à la vente : des objets en plastique pour l'essentiel, car celui-ci envahit les océans plus que n'importe quelle autre matière. Mais on peut aussi se passer d'autres produits à usage unique qui ne seront pas interdits à la vente.

AVANT (JETABLE)	APRÈS (DURABLE)
Essuie-tout	Chiffons faits à partir de vieux draps, tee-shirts, serviettes
Serviettes en papier	Serviettes en tissu (on en trouve dans les brocantes notamment), sauf pour les invités d'un soir (car laver une serviette nécessite de l'eau, de la lessive, de l'électricité…)
Pailles (même en carton)	Rien ! Ou pour les accros : une paille… en paille ou en Inox (réutilisable à l'infini)
Mouchoirs en papier	Mouchoirs en tissu (là encore, les brocantes et vide-greniers en regorgent)
Cotons démaquillants	Cotons lavables (à faire soi-même, on trouve 1001 tutos sur Internet ; on peut aussi en acheter dans les magasins bio)
Cotons-Tiges	Oriculi (ou son petit doigt !)
Protections hygiéniques	Cup mensturelle
Brosses à dents (elles ne sont pas à usage unique, mais on en trouve aujourd'hui en version écolo !)	Brosses à dents en bambou (à condition qu'elles ne viennent pas de Chine)
Vaisselle jetable en plastique (gobelets, assiettes, couverts…)	Vraie vaisselle (pour un pique-nique, on utilise des Tupperware ou, à défaut, de la vaisselle en carton)

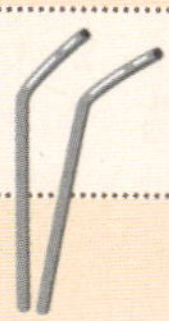

Acheter en VRAC

Pour des poubelles allégées – même celle des déchets dits « recyclables » (cartons, papiers, plastiques) –, l'achat en vrac est une solution désormais à la portée de (presque) tous. Les grandes surfaces proposent de plus en plus de vente en vrac et les enseignes spécialisées fleurissent un peu partout.

Les points positifs du vrac

Les produits « nus » n'ont que des avantages.

- **Moins d'emballages inutiles,** qu'ils soient en carton, en plastique ou composite (par exemple, un alliage d'aluminium et de plastique pour des paquets de gâteaux ou de chips).
- **Moins de marketing,** lequel nous pousse à consommer toujours plus.
- **Prix plus bas** (sans emballage et sans marketing, les produits en vrac sont nettement moins chers).
- **Choix de la quantité.**

En vrac, on trouve tout !

Bien sûr, on trouve toutes sortes de céréales (riz, pâtes, semoule, boulgour, épeautre, avoine, millet…) et des légumineuses (pois,

30 KG PAR HABITANT ET PAR AN !

C'est ce que représente le gaspillage alimentaire en France, dont 7 kg d'aliments encore emballés.

LES DÉCHETS QUI S'EMBALLENT

D'après PlasticsEurope, l'association européenne des fabricants de plastiques, 39,5 % du plastique utilisé en Europe sert à fabriquer des emballages. En France, ce chiffre s'élève à 45,5 %. Les emballages représentent près des 2/3 des déchets plastique produits chaque année en Europe. Et les emballages ne sont pas seulement en plastique… Ce sont ainsi plus de 5 millions de tonnes d'emballages qui sont jetés chaque année en France, qu'ils soient en verre, en plastique ou en papier-carton.

Quels contenants pour le vrac ?

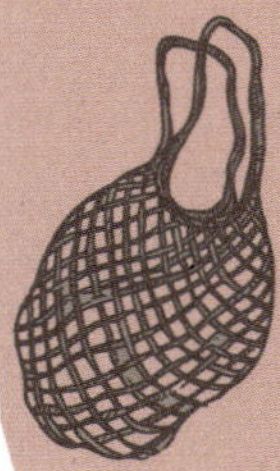

Soit les contenants sont fournis (sacs en papier, bouteilles et pots en verre), soit on apporte les siens. Les contenants type Tupperware ou bouteilles et pots doivent être transparents, propres et hermétiques. Les sacs en tissu réutilisables sont les champions de l'antigaspi !

fèves, lentilles, haricots…), des graines (de courge, de tournesol, de sésame…), des fruits et légumes, des épices, mais aujourd'hui, on trouve aussi de quoi préparer des quatre-heure hors pair, soit avec les ingrédients nécessaires à la préparation de gâteaux, soit avec des biscuits déjà prêts. Il en est de même pour les gâteaux apéritifs. Certains commerces proposent aussi du vin, du vinaigre, des huiles, du miel, mais également des produits ménagers (liquide vaisselle, lessive…) ou des produits de soins (shampooings, savons). Selon les commerces, ces produits sont 100 % bio ou non.

Acheter MOINS mais juste

Il n'est pas rare d'avoir les yeux plus gros que le ventre lorsque l'on fait les courses. Pour éviter de jeter et de gâcher, une liste de courses précise est un sacré atout.

Prévoyez les repas de la semaine et faites vos courses en fonction de ce dont vous aurez besoin. On peut aussi consommer moins : avez-vous vraiment besoin d'utiliser tant de shampooing ou de liquide nettoyant pour le sol dans le seau ?

L'ANNEAU DE MÖBIUS !

C'est le symbole du recyclage. Cela indique que les produits ou emballages qui les portent sont recyclables, sous réserve que le système de collecte ou la filière du recyclage existent dans votre commune et que les consignes de tri sont respectées.

Trier ses déchets

Tout en essayant de limiter ses déchets, on ne doit pas oublier de trier ceux qu'on produit. Si on a l'habitude de trier cartons, papiers, canettes et bouteilles en verre, il faut savoir que le tri évolue.

• *Dans les mairies.* Dans certaines communes, de nouveaux emballages sont acceptés dans les bacs de tri : pots de yaourt, barquettes, sacs en plastique… Pour être informé au mieux, contactez votre mairie.

• *Quelques liens utiles.* Fiez-vous aux logos ! Pour une vue d'ensemble, notamment concernant les déchets dangereux, consulter le site de l'Ademe : **www.ademe.fr**. Et en cas de doute sur un déchet : **www.quefairedemesdechets.fr**

Éviter le plastique

Le plastique est présent dans notre quotidien depuis plusieurs décennies, mais aujourd'hui, il est partout, jusque dans les océans ! Pour mettre fin à cette épouvantable pollution, quelques nouvelles habitudes sont à la portée de tous.

L'ENVAHISSEUR NUISIBLE ?

Le plastique a envahi notre vie, si bien qu'on n'imagine pas vivre sans lui : on le trouve dans les bouteilles, emballages, pots de yaourt et de compote, mais il est aussi la première matière du grille-pain et de la cafetière, des Tupperware, des sacs pour les courses, des sacs poubelle, des contenants des produits ménagers... Pourtant, certains se sont lancés dans le zéro plastique et sont parvenus à vivre sans cette matière que l'on peut qualifier de dangereuse.

Les types de déchets

Les plastiques sont des produits dérivés du pétrole. Ceux que l'on utilise au quotidien sont principalement de 3 sortes :

• **Le PET (ou PETE) :** transparent ou teinté, il sert pour les bouteilles d'eau, de sodas, de jus. Il est collecté pour être recyclé. Il est broyé, puis fondu et transformé en fibres par étirage. Cette fibre sert de rembourrage (anoraks, peluches…) et à fabriquer des vêtements.

1 PETE

• **Le PEHD (ou HDPE) :** il est utilisé pour réaliser des emballages de liquides alimentaires (bouteilles de lait) et de produits de soin (shampooing, gel douche…). Ce plastique est également collecté pour être recyclé, mais il est broyé et transformé en granulés qui sont ensuite fondus pour servir, par exemple, à la fabrication de tubes et de flacons non alimentaires.

2 HDPE

• **Le PP :** il est présent dans les objets plus minces comme la vaisselle en plastique, les pots de yaourt, les films plastique… De faible densité, il est plus coûteux à recycler et la collecte ne s'est pas encore généralisée à l'ensemble du territoire (ce devrait être le cas en 2022).

5 PP

Plus de PLASTIQUE que de POISSONS !

Au niveau mondial, environ **5 à 13 millions de tonnes** de plastique rejoignent chaque année l'environnement marin. La Fondation Ellen MacArthur estime qu'il pourrait y avoir plus de plastique que de poissons dans les océans en 2050 si on ne fait rien.

LE 7E CONTINENT… DE PLASTIQUE

En 1997, on a découvert au nord-est de l'océan Pacifique un 7e continent, ou « continent plastique », composé de déchets produits par l'activité humaine. Cette pollution se retrouve aujourd'hui dans 5 grands bassins océaniques, le Pacifique Nord, mais aussi le Pacifique Sud, l'Atlantique Nord et l'Atlantique Sud, et l'océan Indien.

Recyclable ou NON ?

Le plastique est plus ou moins recyclable selon sa composition. Si son plus grand défaut est de proliférer, son second est de ne pas être recyclable à l'infini. On oublie en effet souvent de dire que, lorsque nos bouteilles (PET) sont recyclées, elles le sont, par exemple, en textile, mais ces derniers deviennent alors plus difficilement recyclables, voire ne le sont pas et devront être incinérés. Il faut également avoir à l'esprit que le recyclage en soi est très **énergivore.**

En France, nous recyclons seulement **un quart** de nos déchets plastique environ. Autant dire qu'on est loin de l'objectif des 100 % de plastiques recyclés en 2025 évoqués par notre gouvernement. Un objectif qui ne fait de toute façon pas sens, puisqu'il faudra, comme nous l'avons vu, incinérer ces déchets déjà une ou deux fois recyclés.

LA MER MÉDITERRANÉE, MER LA PLUS POLLUÉE

Chaque année, 600 000 tonnes de plastique sont rejetées dans la Méditerranée, soit l'équivalent de 34 000 bouteilles en plastique chaque minute.

Comment collecter ses déchets ?

Pour savoir quels déchets sont collectés dans votre commune, rendez-vous sur www.consignes-detri.fr (site mis en place par CITEO, l'organisme chargé de la gestion des déchets d'emballages) ou sur www.quefairedemesdechets.fr (administré par l'Ademe).

Dur à avaler !

Le plastique est aujourd'hui présent partout – dans les eaux, les poissons et même dans l'air. Pourquoi ? À cause des déchets en plastique jetés dans la nature qui se décomposent en petites particules, des vêtements synthétiques, de certains cosmétiques qui utilisent des microbilles, ou encore des revêtements de murs ou de mobilier. Résultat : nous ingérons du plastique quotidiennement (5 g par semaine, soit l'équivalent d'une Carte bleue !).

Quelques CHIFFRES

• Depuis 1950, la production mondiale de plastique n'a cessé d'augmenter. Elle a atteint un niveau record de **320 millions de tonnes** en 2015, soit l'équivalent de 10,1 tonnes par seconde.

• Selon un rapport de l'ONU, l'homme a produit **9 milliards de tonnes** de plastique en 65 ans ; moins de 10 % des matières plastiques sont recyclées à l'échelle mondiale, les décharges et les océans héritent des 90 % restants.

Se passer de plastique

Même sans passer au zéro plastique, on peut aisément réduire sa présence à la maison.

• ***En cuisine.*** Pour les accros aux boissons gazeuses, les gazéificateurs d'eau sont une aubaine. Pour les aliments, l'achat en vrac avec ses propres contenants (Tupperware, bocaux, sachets en tissu) évite quantité de plastiques. Pour les contenants en verre, conservez ceux que vous avez achetés (pots à confiture, soupe, sauce…). Emportez des tote-bag pour vos courses. En pique-nique, remplacez les assiettes ou gobelets en plastique par des bocaux ou du jetable en carton.

Les produits ménagers faits maison permettent de ne pas racheter de nouveaux contenants en plastique (voir p. 41). Les ustensiles de cuisine en Inox ou en bois sont bien utiles également.

• ***Dans la salle de bains.*** Achetez des cosmétiques solides ou faites-les maison et mettez-les dans d'anciens contenants. Vous pouvez aussi opter pour les brosses à dents en bambou.

• ***Ailleurs dans la maison,*** les cintres comme les pinces à linge en bois sont très bien. Côté garde-robe, évitez tant que possible le synthétique ! Il en est de même pour les meubles et les jouets.

Prévoyez une gourde en Inox ou en verre, un mug et des couverts en métal. Optez aussi pour des stylos rechargeables (et les crayons de couleur remplacent parfaitement les surligneurs fluo).

Prendre soin de soi et de sa tribu

En matière d'hygiène, de beauté ou de santé, il est possible de remettre la nature au cœur des produits que nous utilisons tous les jours.

COSMÉTIQUES ET produits de SANTÉ

On a déjà vu qu'on pouvait rendre une salle de bains plus écologique en remplaçant les produits à usage unique ou en évitant les contenants en plastique si nombreux. On peut aller plus loin avec les produits bio achetés en vrac ou en les fabriquant soi-même. Notre armoire à pharmacie peut aussi être rendue plus naturelle et moins polluante pour nous comme pour la planète.

Produits d'HYGIENE et cosmétiques

Commencez par vous procurer uniquement ce dont vous avez réellement besoin. Nombre de ces produits contenant des composés indésirables (colorants, conservateurs, parfums qui peuvent être irritants, allergènes ou perturbateurs endocriniens), il est intéressant de se tourner vers des produits plus simples et non polluants. Et il est temps aussi de privilégier les produits solides !

DES APPLIS QUI NOUS DISENT TOUT

QuelCosmetic, Yuca et INCIBeauty : ces 3 applications aident à y voir plus clair sur les composants de nos produits.

• **Savons.** Bien sûr, on oublie les gels douche, même bio, et leurs contenants. On se concentre sur les savons dits « à froid », issus d'une saponification à froid : les huiles et beurres végétaux ne sont pas chauffés, ce qui permet de conserver leurs bienfaits (vitamines, acides gras et autres antioxydants). Idéalement, le savon à froid est surgras (on y a rajouté encore un peu d'huile en fin de fabrication) pour une meilleure protection du film hydrolipidique qui protège la peau.

• **Shampooings.** Les shampooings solides sont une petite révolution. Ils ne contiennent pas d'eau et sont disponibles sans emballages, ni polymères, ni silicones ; ils ne polluent donc pas les mers. Là encore, ils sont source d'économie puisqu'un savon solide équivaut en général à 2 bouteilles de 250 ml.

• **Soins hydratants.** Pour les plus audacieux, les soins hydratants visage et corps existent aussi en solide (même si, pour l'instant, ils ne courent pas les rues). Par exemple, on en trouve sous forme de blocs de cacao solides (avec de l'huile de baobab et de coco) qui peuvent s'utiliser

Tous les savons ne se valent pas

Les savons industriels sont fabriqués à partir d'une pâte à savon déjà prête, les « bondillons », eux-mêmes principalement composés d'huile de palme et/ou de graisse animale. Il vaut mieux privilégier ceux issus d'une saponification à froid.

pour le visage, le corps et même en massage. Sinon, la simplicité doit être le mot d'ordre. Les huiles végétales sont parfaites pour le corps et leur diversité permet d'apporter des soins spécifiques à chaque peau. Pour le visage, on peut mélanger une huile végétale à un peu de gel d'aloe vera que l'on chauffe dans la main avant application.

• **Déodorants.** Ici, aucune hésitation à avoir, la plupart des déodorants sont déjà solides, mais ils sont vendus entourés d'un emballage plastique inutile. On les trouve aujourd'hui partout, « nus », vendus dans des emballages cartonnés.

• **Dentifrices.** Les plus écologiques adoptent à leur tour la forme solide. Le premier ingrédient est le carbonate de calcium, qui nettoie et augmente la brillance des dents. On peut choisir son parfum grâce aux huiles essentielles qui sont ajoutées (menthe poivrée, sauge et citron, cannelle…).

DES PLANTES QUI GUÉRISSENT

Parmi les quelque 250 000 espèces végétales connues à travers le monde, l'OMS a répertorié plus de 20 000 plantes aux vertus médicinales, dont environ 1 200 constituent la pharmacopée courante.

L'armoire à PHARMACIE

Pour soigner les petits maux du quotidien, pas besoin de tout un arsenal thérapeutique. Les petits bobos (coupures, piqûres, douleurs…) ou les petits tracas (problèmes digestifs, stress, douleurs musculaires…) peuvent être soulagés avec le soutien de la phytothérapie, de l'aromathérapie ou à l'aide de techniques simples (décoctions, tisanes et autres cataplasmes).

La phytothérapie

C'est la thérapie par les plantes. Leur utilisation est très ancienne et de nombreux exemples existent.

• **L'aloe vera** peut être employé en soin hydratant (avec un peu d'huile végétale, d'amande douce notamment), en soin apaisant après-soleil ou post-épilation (appliqué pur), car il est cicatrisant.

• **L'ail** possède de nombreux effets bénéfiques. Il permet de lutter contre les douleurs, des affections cutanées, des problèmes digestifs et respiratoires, le cholestérol ou encore certains troubles vasculaires, comme l'hypertension artérielle.

• Dans le même registre, on trouve **le charbon végétal, l'argile** et de nombreuses plantes.

L'aromathérapie

C'est la thérapie par les huiles essentielles. Naturelles, celles-ci sont une mine d'or pour soigner toutes sortes de maux. En voici 5 incontournables.

• **Arbre à thé (ou tea tree) :** c'est la grande huile essentielle des états infectieux. Elle est également la plus réputée pour le soin des peaux à imperfections. Véritable couteau suisse, elle soulage aussi bien les infections de la peau (mycoses, abcès et furoncles, aphtes et gingivites) que les maux de l'hiver causés par les virus ou les microbes (maux de gorge, toux, nez qui coule…).

• **Lavande vraie :** principalement utilisée en usage cutané et en diffusion, l'huile essentielle de lavande vraie est la référence en matière de soin des problèmes de peau abîmée ou de cicatrisation difficile. Elle a aussi des effets calmants sur le système nerveux et elle est recommandée en cas de maux de tête, de stress ou de tensions musculaires.

Comment les utiliser ?

Certaines huiles essentielles s'utilisent par voie cutanée (pures ou diluées dans une huile végétale), d'autres se prennent par voie orale (diluées dans de l'eau, sur un sucre ou avec une cuillerée de miel). On les trouve également en gélules ou à diffuser dans l'air à l'aide d'un diffuseur spécifique.

Précautions D'EMPLOI

Par leur composition chimique, les huiles essentielles ont une activité pharmacologique et clinique intense. Respectez à la lettre les indications d'usage et ne les utilisez jamais sans vous renseigner avant, notamment auprès d'un professionnel de santé. Certaines huiles sont fortement déconseillées chez les enfants et les femmes enceintes ou qui allaitent.

• **Menthe poivrée :** riche en menthol, elle présente une action hautement rafraîchissante et des propriétés antalgiques remarquables. Indispensable lors de chocs, de coups ou de piqûres douloureuses, on l'utilise également pour soulager les maux de tête et les migraines, déboucher le nez, lutter contre les nausées et combattre la mauvaise haleine.

• **Géranium rosat :** ses propriétés toniques et astringentes font apprécier son huile essentielle comme soin anti-âge naturel, redonnant de l'éclat aux peaux ternes ou aux visages bouffis. Elle apaise les peaux enflammées, les mycoses, les rougeurs, l'acné, les inflammations de la bouche. Enfin, elle accompagne en douceur la femme pour tous ses problèmes intimes.

• **Citron :** elle aide à la digestion en stimulant l'action de la vésicule biliaire, du pancréas et du foie. La production et le stockage de la bile vont alors optimiser la digestion des glucides et des lipides. Elle apporte du tonus et renforce le système immunitaire.

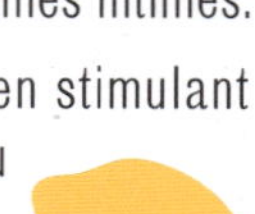

Du côté des huiles végétales

Les huiles végétales proviennent de graines, de noyaux ou de fruits oléagineux comme l'avocat, l'amande, la noix de coco, l'argan, le sésame… Elles sont particulièrement riches en vitamines et acides gras essentiels.

Nourrissantes et hydratantes, on les utilise surtout en cosmétiques tant sur la peau que sur les cheveux. Elles s'emploient seules, mais peuvent aussi être utilisées comme base de dilution pour les huiles essentielles lorsqu'il s'agit d'applications cutanées.

Il en existe un nombre étonnant, mais on peut n'en retenir que 3, reconnues pour leurs propriétés multiples et la facilité de leur usage :

- **L'huile d'amande douce** convient à toutes les peaux, y compris les plus fragiles comme celle des bébés. Riche en acide linoléique, en vitamines A et E, elle assouplit la peau et apaise les irritations. Les cheveux et les ongles aiment aussi ses propriétés émollientes, qui préviennent la déshydratation, et sa capacité à réguler la production de sébum.
- **L'huile d'argan,** riche en oméga-6 et 9 et en vitamine E, est appréciée pour ses propriétés anti-âge et son grand pouvoir hydratant.
- **L'huile de karité** est la plus riche des trois. Elle va jusqu'à favoriser la cicatrisation, lutte contre les sécheresses sévères de la peau et soulage les coups de soleil.

Remèdes de grand-mère

Si la phytothérapie et l'aromathérapie sont très utiles, nos grands-mères le sont tout autant ! Retour sur quelques produits et remèdes d'antan imparables…

- **L'argile :** un petit bijou riche en silice et en minéraux qui peut servir à purifier la peau ou soulager certaines douleurs. Des maux de ventre peuvent être calmés grâce à de l'argile que l'on ingère ; pour purifier sa peau, on l'applique en masque ; pour des douleurs articulaires, on l'utilise en cataplasme.
- **L'huile de foie de morue :** pour des os solides ! Elle contient des vitamines A et D. La vitamine A, un antioxydant essentiel, est indispensable pour assurer la croissance osseuse et participe au maintien d'une bonne vision et d'une peau saine. La vitamine D, elle, fixe le calcium, ce qui permet la consolidation du squelette et de lutter contre l'ostéoporose. Enfin, les acides gras essentiels de cette huile fluidifient les membranes, permettant le développement et le fonctionnement harmonieux du système nerveux. Incontournable, donc ! Et cerise sur le gâteau, plus besoin d'avaler de cuillerée d'huile à l'odeur insoutenable, car elle existe désormais en gélule.
- **Le grog :** l'anti-coup de froid ! Il contient du miel, adoucissant et antiseptique contre le mal de gorge,

du citron pour la vitamine C et de la cannelle connue pour ses propriétés anti-inflammatoires. La chaleur de la boisson fluidifie le mucus et fait transpirer, donc éliminer. Quant au rhum, il apporte des calories, réchauffe et dilate les vaisseaux. À consommer avec modération ou sans rhum !

• ***Le clou de girofle :*** pour apaiser les douleurs dentaires, et on sait combien cela nécessite un soulagement immédiat. Cette épice antalgique possède des vertus antiseptiques et antibactériennes. C'est aussi un anti-inflammatoire inoffensif pour l'estomac.

• ***La bouillotte :*** c'est un antidouleur bien connu. La chaleur diffusée par la bouillotte dilate les vaisseaux et augmente le flux sanguin, donc augmente aussi l'apport en oxygène et en nutriments sur la zone douloureuse. Les muscles se décontractent et la douleur diminue ou disparaît. Adieu maux de ventre, torticolis, crampes…

ATELIER DIY

Confectionner une bouillote sèche

LES NOYAUX DE CERISES PEUVENT ÊTRE REMPLACÉS PAR DU RIZ OU D'AUTRES CÉRÉALES ET GRAINES.

Ingrédients :

• 1 à 1,5 kg de cerises pour faire une bouillotte

• 1 cuillerée à soupe de vinaigre blanc

1. Mettez les noyaux dans une casserole avec le vinaigre blanc, couvrez d'eau et faites bouillir.

2. Égouttez, rincez à l'eau claire et faites sécher les noyaux sur un torchon au soleil ou sur un radiateur. Mettez-les ensuite dans une pochette en tissu épais préalablement cousue.

3. Pour l'utiliser, faites chauffer la bouillotte au micro-ondes par plages de 30 secondes ou 10 minutes au four à 100-120 °C.

Quelques idées tutos :

• http://violettefactory.com/bouillotte-seche-diy-couture-facile/

• http://www.alicebalice.com/bouillotte-seche-pour-petites-mains/

• https://www.youtube.com/watch?v=IC-7MqwGLhDA (sur la chaîne Karoline Création)

Entretenir SA MAISON au naturel

Les ingrédients indispensables

Vinaigre blanc, bicarbonate de soude, savon noir ou savon de Marseille, cristaux de soude, terre de Sommières, blanc de Meudon… Avec ces quelques ingrédients, on nettoie et on récure la maison de façon 100 % naturelle.

HALTE AUX *produits* NOCIFS

Les produits ménagers vendus dans le commerce sont trop souvent toxiques tant pour l'environnement que pour notre santé. Allergènes, perturbateurs endocriniens, substances cancérogènes… tous répondent présents dans nombre de ces produits. La solution est simple : utiliser des produits naturels aussi performants qu'inoffensifs.

Le VINAIGRE blanc

Le vinaigre blanc, aussi appelé « vinaigre d'alcool » ou « vinaigre cristal », est composé d'un mélange d'eau et d'acide acétique. Ce dernier est obtenu par fermentation d'alcool de betterave ou de maïs, ce qui en fait un produit naturel et biodégradable. On peut le considérer comme un nettoyant multi-usages grâce à ses caractéristiques multiples : détartrant, adoucissant, désinfectant et dégraissant. C'est un peu le couteau suisse du ménage ! Il permet d'ôter le calcaire de la robinetterie, ravive l'argenterie, nettoie les vitres et les miroirs, désodorise (micro-ondes, réfrigérateur, mais aussi évier), ôte les taches sur les vêtements et même celles sur le bois (à condition d'être mélangé pour moitié avec de l'huile d'olive).

Vinaigre BLANC + eau de JAVEL = DANGER !

Il ne faut jamais mélanger vinaigre blanc et eau de Javel. L'eau de Javel est une solution aqueuse d'hypochlorite de sodium (NaClO) et de chlorure de sodium (NaCl). Il s'agit d'un mélange basique contenant du chlore.

Elle ne doit en aucun cas être mélangée avec un acide, car leur réaction chimique dégage du dichlore, un gaz très toxique ($HClO + H^+ + Cl^- \rightarrow Cl_2 + H_2O$). Il est donc fortement déconseillé d'utiliser de l'eau de Javel après avoir lavé ses toilettes avec du vinaigre ou du détartrant !

Le bicarbonate de SOUDE

Deuxième star du ménage, le bicarbonate de soude (ou de sodium, selon les appellations) est un minéral – on le trouve sous forme de poudre blanche – soluble dans l'eau. Il récure la maison, mais soigne aussi certains petits maux de santé. Il est biodégradable, ne contient aucun conservateur et est très peu cher. On trouve le bicarbonate de soude sous différentes formes.

- Le *bicarbonate technique* a un niveau de pureté moins élevé et ne doit pas être utilisé en cuisine ou en soin.
- En revanche, le *bicarbonate alimentaire* est multifonctions et peut servir à tout : ménage, soin et cuisine.
- Le *bicarbonate officinal* possède, lui, la qualité la plus pure (et le prix le plus élevé).

Pour la maison, ses usages sont multiples. « Basique » (son pH est supérieur à 7), il constitue un parfait nettoyant contre les résidus de graisses animales et végétales. Il vient à bout des poêles et des casseroles brûlées (il suffit de saupoudrer généreusement du bicarbonate dans les récipients, d'ajouter un peu d'eau chaude et d'attendre !). Il en est de même pour les résidus présents dans le four (il est préférable de

Il y a soude, soude et soude

Attention, le bicarbonate de soude ne doit absolument pas être confondu avec les cristaux de soude (carbonate de sodium) ou avec la soude caustique (hydroxyde de sodium), qui sont à manipuler avec précaution.

faire une pâte composée de bicarbonate et d'un peu d'eau, et de l'étaler sur les endroits très encrassés, y compris sur les vitres). C'est également un excellent désodorisant : saupoudré au fond de la poubelle, dans une coupelle au réfrigérateur ou dans des chaussures, les odeurs sont littéralement absorbées.

Le CITRON

Le citron et plus encore l'acide citrique peuvent se substituer au vinaigre blanc grâce à l'acide qu'ils contiennent. Les bienfaits et les vertus du citron sont connus depuis la nuit des temps. Cet agrume est déjà une petite merveille en cuisine, de l'entrée au dessert. Il est aussi un atout pour notre santé : il nettoie l'organisme en éliminant les toxines et aide à digérer les lipides ; il est riche en antioxydants et en vitamine C, et booste notre système immunitaire… Et ses propriétés pour notre santé sont loin d'être les seules. Car grâce à sa teneur en acide citrique, on peut nettoyer sa maison avec du citron !

POURQUOI FAUT-IL BANNIR L'EAU DE JAVEL ?

L'eau de Javel désinfecte et décolore, mais elle ne nettoie pas, car elle ne contient aucun tensioactif. Inutile donc de miser sur elle pour décrasser. Par ailleurs, l'eau de Javel est une sorte d'acide pur, c'est un bactéricide qui peut abîmer notre peau comme nos voies respiratoires. Enfin, le chlore qu'elle contient nuit à l'environnement. Car ce dernier, une fois rejeté dans l'environnement, réagit avec les matières organiques présentes dans l'eau, l'air et le sol, et forme des composés toxiques.

Savon noir et SAVON de Marseille

Digne héritier du savon d'Alep, le savon de Marseille existe depuis le XIIe siècle. Ce beau cube peut aussi se présenter sous la forme de copeaux. À l'inverse, le savon noir, dans son usage ménager, est proposé sous la forme d'un liquide plus ou moins pâteux.

• *Compositions.* Le savon noir contient des huiles végétales (surtout de l'huile de lin) et de la potasse, qui liquéfie le mélange, quand le savon de Marseille est composé d'huiles végétales (de l'huile d'olive et de l'huile de coco avant tout) et de soude, qui durcit le mélange. Leur composition et leur action sont proches, mais on a l'habitude de distinguer les usages de ces deux produits.

• *Utilisations.* Le savon noir est plus volontiers utilisé dilué, lorsqu'il s'agit de nettoyer les surfaces comme les sols ou les cuisinières. Attention, lorsqu'on nettoie au savon, il est impératif de rincer sous peine de se retrouver avec des surfaces encore graisseuses. Le savon noir est aussi utile pour les plantes, car c'est un insecticide naturel. Dilué dans de l'eau chaude, une fois le mélange refroidi, il est vaporisé sur les feuilles et les tiges de la plante pour tenir à l'écart ou tuer les indésirables. On emploie plus couramment le savon de Marseille pour le linge. Excellent détachant, y compris des graisses, il est parfait comme base de lessive ou à frotter directement sur une tache avant le lavage.

Côté hygiène, si le savon de Marseille s'utilise pour se laver, le savon noir (dans sa version dédiée à l'hygiène et non au ménage) est utilisé comme gommage : après un bain chaud, on s'enduit le corps de ce savon et on frotte à l'aide d'un gant pour ôter les peaux mortes et autres impuretés.

Le savon de MARSEILLE français, une EXCEPTION

Gare aux « faux » savons de Marseille ! L'appellation n'étant pas protégée, nombreuses sont les contrefaçons. Traditionnellement fabriqué à Marseille et sa région selon un procédé au chaudron, il est composé exclusivement d'huiles végétales (et non animales), d'eau, de sel et de soude. Ainsi, il est sans parfum, ni colorant, ni conservateur.

Ceux qui ne sont pas issus des savonneries du Midi, Marius Fabre, Fer à Cheval ou Le Sérail sont trop souvent faits à partir de graisses animales et d'additifs chimiques, et affichent malgré cela la mention « savon de Marseille ».

Les cristaux ET le percarbonate de SOUDE

Si ni l'un ni l'autre ne sont toxiques pour la planète, il faut tout de même les utiliser avec précaution. Composés de carbonate de sodium, les cristaux de soude sont vendus à des niveaux de pureté différents qu'il faudra alors utiliser à des dosages distincts. En plus de posséder du carbonate de sodium, le percarbonate est composé de peroxyde d'oxygène.

Puissants dégraissants, ils servent pour le gros nettoyage (hotte, grille du four ou barbecue encrassés, casseroles ou poêles brûlées…). Leur puissance leur permet de décomposer les matières organiques, et donc de déboucher les canalisations. Ils seraient aussi utiles pour venir à bout d'une vilaine tache sur le linge. Pouvant remplacer les cristaux de soude, le percarbonate a aussi l'avantage d'être très efficace contre les moisissures.

LE SODIUM COCO SULFATE

C'est un ingrédient que l'on trouve dans de nombreuses recettes maison (pour les produits ménagers comme les cosmétiques). S'il n'est pas essentiel, il est plutôt agréable, car ce dérivé de l'huile de coco est un tensioactif qui produit une mousse abondante et possède une action détergente.

Attention

Les cristaux de soude ne doivent pas être utilisés sur l'aluminium, les bois ou les surfaces laquées (le vernis serait dissous). Ne pas les mélanger avec du vinaigre, car la réaction, forte, peut provoquer des projections corrosives, et donc dangereuses.

Comme les cristaux de soude, n'appliquez pas le percarbonate sur de l'aluminium, des surfaces peintes ou cirées. Étant inflammable, ne l'utilisez pas près d'une source de chaleur.

Parce qu'ils peuvent être irritants et corrosifs, mieux vaut manipuler ces produits avec des gants et des lunettes de protection pour un maximum de précaution. Tenez-les hors de portée des enfants.

La terre de SOMMIÈRES ET le blanc de MEUDON

La terre de Sommières est une fine poudre d'argile originaire d'un petit village près de Montpellier. Cette argile fluide a la particularité de détacher à sec toutes sortes de tissus, grâce à ses propriétés ultra absorbantes. Elle détache le linge, les tapis, la moquette et les canapés. Et elle en profite pour neutraliser les mauvaises odeurs. Elle absorbe aussi les taches sur le parquet, le marbre et le granit.

Pour l'utiliser, il suffit de saupoudrer la tache de cette délicate argile et de laisser poser afin qu'elle l'absorbe avant d'aspirer ou de brosser pour tout éliminer.

Originaire des carrières de Meudon, une commune des Hauts-de-Seine, le blanc de Meudon est une poudre blanche très fine, peu abrasive, qui contient du carbonate de calcium. Il nettoie et fait briller les surfaces en Inox, en cuivre ou en étain, la faïence, les outils de menuiserie ou encore l'argenterie. On peut encore l'utiliser pour laver les vitres et les miroirs.

Il suffit de mélanger 1 tasse de **blanc de Meudon** avec 1 cuillerée à café d'eau pour obtenir une pâte que l'on utilise pour récurer. Le rinçage se fait à l'aide d'un chiffon doux.

Les huiles essentielles

MISE EN GARDE !

Les huiles essentielles sont d'une manière générale déconseillées pour les bébés et les jeunes enfants ainsi que pour les femmes enceintes ou qui allaitent.

On a l'habitude de les utiliser pour se soigner, mais ces huiles sont aussi redoutables d'efficacité pour nettoyer, assainir et parfumer sa maison naturellement. À chacune ses propriétés : la lavande pour désinfecter, le citron pour assainir, l'arbre à thé pour éradiquer les moisissures, la citronnelle pour repousser les petites bêtes… Il suffit de les ajouter dans les recettes de produits d'entretien faits maison (même dans la lessive) ou de les utiliser pures pour parfumer. Par exemple :

- **Désodoriser et assainir le réfrigérateur :** 1 goutte d'huile essentielle de lavande avec 1 goutte d'huile essentielle de citron sur une pierre poreuse.
- **Parfumer le linge et éloigner les mites :** 3 ou 4 gouttes d'huile essentielle de citron sur un carré de coton dans l'armoire.
- **Neutraliser les germes :** 2 gouttes d'huile essentielle de cannelle sur un carré de coton placé au fond de la poubelle (on peut également le placer dans le sac de l'aspirateur).
- **Parfumer le linge :** 2 gouttes d'huile essentielle d'orange douce diluées dans un peu d'eau et mises dans le bac assouplissant. Même chose dans le bac à eau du fer à repasser.

Les possibilités sont infinies !

Produits ménagers naturels : les recettes

Lessive, liquide vaisselle, nettoyant multi-usages et gel WC sont les 4 incontournables du ménage au quotidien. Faciles à confectionner, ils sont aussi 100 % naturels et écologiques, et ils ne sont pas les seuls...

DES, économies à la CLEF !

Il n'est pas rare que les gestes écologiques mènent à des économies. Dans le domaine des produits ménagers faits maison, c'est une évidence ! Dans les pages qui suivent, découvrez des recettes indispensables et réalisables en un tour de main.

Le soin du LINGE

La lessive

L'ingrédient n° 1 pour une lessive maison, c'est le savon de Marseille. On peut se contenter de diluer des copeaux de savon dans de l'eau (50 g de savon pour 1 litre d'eau) ou utiliser en plus du bicarbonate de soude pour ses pouvoirs détachants et désodorisants, ainsi que quelques gouttes d'huile essentielle pour le parfum.

POUR 1 LITRE

- 4 cuillerées à soupe de savon de Marseille en paillettes ou en copeaux
- 1 cuillerée à soupe de bicarbonate de soude
- 10 gouttes d'huile essentielle de votre choix (facultatif)
- 90 cl d'eau très chaude

Faites dissoudre le savon dans l'eau en remuant. Ajoutez le bicarbonate sans cesser de remuer. Une fois le mélange homogène, retirez du feu. Ajoutez l'huile essentielle. Il n'est pas rare que cette lessive maison durcisse un peu. Il suffit alors de remuer vigoureusement le bidon ou de le passer brièvement sous l'eau chaude.

Variante. **Pour un lavage encore plus efficace (notamment si les vêtements sont très sales), on peut ajouter 1 cuillerée à soupe de cristaux de soude (à éviter cependant sur le linge délicat).**

L'ASTUCE POUR DÉTACHER

Le savon de Marseille est également un bon détachant ! Avant le passage en machine, il vous suffit de frotter la tache avec.

L'adoucissant

Dans le bac à adoucissant, versez 1 tasse de vinaigre blanc dilué dans de l'eau (50/50). En plus de jouer le rôle d'adoucissant, il permettra aux couleurs des vêtements de ne pas ternir.

Variante. **Pour un adoucissant un peu plus élaboré et parfumé, mélangez, dans une bouteille vide de 1 litre, 50 cl de vinaigre blanc, 50 cl d'eau et entre 15 et 25 gouttes de l'huile essentielle de votre choix.**

Bon à savoir : **ce produit est parfait pour nettoyer les vitres !**

Le blanchissant

Quand le linge blanc (non délicat) devient terne, le percarbonate de soude fait des merveilles. Avant le lavage :

- *Recette 1 :* **faites tremper le linge dans une bassine avec un peu de percarbonate, à raison de 1 cuillerée à soupe pour 5 litres d'eau chaude.**
- *Recette 2 :* **faites une machine de blanc en ajoutant à la lessive 2 cuillerées à soupe de percarbonate.**

Les produits nettoyants

Le nettoyant multi-usages

POUR 1 LITRE

- 2 cuillerées à soupe de savon de Marseille en copeaux
- 1 cuillerée à soupe de vinaigre blanc
- 75 cl d'eau chaude

Dans un vaporisateur vide, versez tous les ingrédients. Secouez vivement avant de pulvériser le produit sur la surface à nettoyer.

La crème à récurer

- 6 cuillerées à soupe de bicarbonate de soude
- 3 cuillerées à soupe d'argile
- 2 cuillerées à soupe de cristaux de soude
- 6 cuillerées à soupe de savon noir ménager liquide

Mélangez tous les ingrédients en terminant par le savon noir. Conservez cette pâte épaisse dans un bocal hermétiquement fermé et appliquez-la sur les surfaces à nettoyer à l'aide d'une éponge humide.

L'entretien de la VAISSELLE

Le produit vaisselle

POUR 1 LITRE

- 4 cuillerées à soupe de savon de Marseille en copeaux
- 1 cuillerée à soupe de savon noir ménager liquide
- 1 cuillerée à soupe de bicarbonate de soude
- 1 cuillerée à soupe de vinaigre blanc
- 1 cuillerée à soupe de cristaux de soude
- 80 cl d'eau

Dans une casserole, faites chauffer l'eau sans la faire bouillir. Versez le savon de Marseille et mélangez jusqu'à dissolution. Hors du feu, ajoutez les autres ingrédients, remuez et laissez reposer. Le liquide durcit plus ou moins. Agitez bien avant usage. (Si nécessaire, utilisez un mixeur.)

Fini les ÉPONGES, passez au TAWASHI !

Voilà une belle alternative à la fameuse éponge qu'on achète, qu'on use vite et qu'on jette. Venant tout droit du Japon, le tawashi est une éponge d'un nouveau genre et il a tout pour lui : difficilement usable, il est lavable et réalisé à partir de vieilles chaussettes, manche de tee-shirt ou leggings, par exemple. Il est utile aussi bien pour la vaisselle que pour nettoyer le plan de travail, l'évier et le lavabo.

Il existe 1001 tutos sur Internet pour en réaliser. Le plus souvent, les tawashis sont tissés sur un métier à tisser rudimentaire (une petite planche et quelques clous !). Mais on peut également les réaliser au crochet ou en tricot.

DES PRODUITS MÉNAGERS EN VRAC

De plus en plus, on trouve dans les commerces des produits ménagers en vrac. Liquide vaisselle, nettoyant, lessive, adoucissant... sont disponibles dans des cuves. Il suffit de venir avec ses contenants et de les remplir (des contenants en verre sont aussi proposés). C'est bon pour la planète !

La poudre pour le lave-vaisselle

POUR 500 G

- 200 g de soude en cristaux concentrée (anhydre)
- 100 g de percarbonate de soude
- 200 g d'acide citrique

Mélangez les ingrédients et conservez la poudre obtenue dans un bocal hermétique à l'abri de l'humidité. Pour plus d'efficacité, utilisez des cristaux de soude anhydres et non hydratés.

La bonne astuce : **pour une vaisselle brillante, ajoutez 1 verre de vinaigre blanc dans le bac de rinçage.**

Les pastilles pour lave-vaisselle

- 5 cuillerées à soupe de bicarbonate de soude
- 5 cuillerées à soupe de cristaux de soude
- 5 cuillerées à soupe d'acide citrique
- 5 cuillerées à soupe de gros sel

Dans un bol, mélangez les ingrédients en poudre. Vaporisez avec un peu d'eau (la poudre doit être un peu imbibée). Versez dans un bac à glaçons et laissez sécher une journée. Conservez les pastilles dans un bocal hermétique.

Du côté des TOILETTES

Le gel WC

Les WC sont un lieu que l'on aime garder propre, nettoyé et parfumé. La singularité du gel WC tient en sa matière légèrement épaisse et visqueuse qui adhère aux parois et charrie alors tous les microbes. Pour obtenir cette texture, on utilise un gélifiant.

POUR 1 LITRE

- 50 cl de vinaigre blanc ou 50 g d'acide citrique
- 1 cuillerée à soupe d'agar-agar
- 20 gouttes d'huile essentielle de citron ou de tea tree
- 20 cl d'eau

Dans une casserole, portez l'eau à ébullition. Ajoutez l'agar-agar en remuant jusqu'à ce qu'il soit dissous. Hors du feu, ajoutez le vinaigre et remuez de nouveau. Terminez en versant l'huile essentielle.

Bon à savoir : **l'huile essentielle de citron est antibactérienne et antiseptique, celle de tea tree possède des vertus antibactériennes puissantes.**

Contre le calcaire dans les WC

- 2 cuillerées à soupe d'acide citrique
- 2 cuillerées à soupe de farine

Pour décrasser le fond des toilettes, mélangez les ingrédients et versez dans les toilettes. Laissez agir au moins 1 heure ou toute une nuit. Frottez avec une brosse (en évitant les éclaboussures).

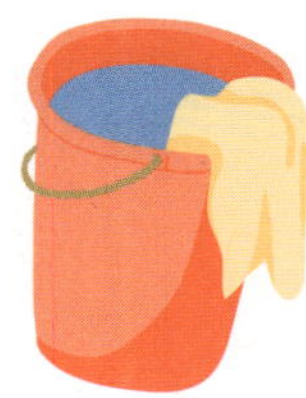

Les nouveaux GESTES du quotidien

Le fabuleux marché de l'occasion

S'il est difficile, voire impossible, de se passer de vêtements, de meubles ou de certains loisirs, on peut adopter de nouvelles habitudes aussi vertes que vertueuses.

RIEN NE SE PERD, *rien ne se crée,* TOUT SE TRANSFORME

On connaît tous cette citation (apocryphe et attribuée à Lavoisier). Si on décide de la « tordre » un peu, on obtient : « Rien ne devrait se perdre et tout peut se transformer »... Derrière cette nouvelle formule, on comprend que l'on peut entretenir, récupérer ou transformer tout ce que nous utilisons au quotidien. Vêtements, meubles, électroménager, voitures, vélos, livres... tous peuvent provenir de l'immense marché de l'occasion, être soigneusement entretenus et transformés.

Les vêtements de SECONDE MAIN

Le marché de l'occasion est si vaste qu'on y trouve aujourd'hui absolument tout. Bien sûr, il y a les **brocantes** et autres **vide-greniers**, mais depuis quelques années, c'est Internet qui offre le plus de possibilités pour acheter d'occasion. Les vêtements sont une parfaite illustration de ce phénomène, car outre les sites qui vendent de tout, des sites spécialisés en mode ont vu le jour.

Vestiaire Collective joue la carte du luxe en misant sur des pièces de grandes maisons ou de jeunes créateurs, **Videdressing** propose des marques de milieu de gamme, quant à **Vinted**, ce sont essentiellement des pièces de prêt-à-porter qui sont mises à l'honneur.

Les avantages du tri

1. On retrouve des belles pièces qu'on avait oubliées puisqu'elles étaient enfouies sous un tas d'autres pièces.

2. On sait exactement ce que l'on possède, ce qui évite de racheter inutilement un vêtement similaire.

3. Les habits triés et rangés (de manière visible) permettent de ne plus tergiverser le matin pour choisir sa tenue !

Trier : le premier geste

Sur tous ces sites, on peut acheter, mais aussi vendre ses affaires. Un excellent moyen de faire le tri dans ses placards et pourquoi pas de renouveler la garde-robe de toute la famille. Et celle des enfants, en particulier, qui grandissent souvent plus vite que leurs vêtements ne s'usent ! Quel usage faire d'un vêtement dans lequel ils ne rentrent plus ?

Fini les vêtements bien trop petits ou trop grands, les pièces non portées depuis plus de deux ans (sauf celles bien cachées que l'on redécouvre)... Pour trier, pas de quartier ! Pour faire bien, il faut accepter d'y consacrer du temps. Ça évitera les regrets ou un

tri trop partiel. Avant de se lancer, le mieux est de tout réessayer puis de faire trois tas :

- Les vêtements en bon état et à conserver.
- Les vêtements qui peuvent être réparés.
- Les vêtements à donner ou à vendre. Pour ces derniers, plusieurs solutions existent : les proposer à des proches, les vendre sur des vide-greniers ou des sites Internet *ad hoc*, les déposer dans des points de collecte (ils iront alors à des associations ou seront recyclés).

L'industrie du textile

Il s'agit aussi d'agir sur l'industrie du textile qui explose et pollue de manière dramatique. Sa production, qui a doublé entre 2000 et 2014, est telle que certains grands industriels détruisent eux-mêmes des quantités folles de produits invendus jamais portés.

Pire, la consommation étant exponentielle depuis 15 ans, on peut estimer qu'on avoisine aujourd'hui les **150 milliards** de vêtements vendus dans le monde. Rien qu'en France, 600 000 à 700 000 tonnes de vêtements arrivent chaque année, soit 10 kg par habitant.

Le problème est multiple. Si l'industrie du textile émet 1,2 milliard de tonnes de CO_2 – c'est plus que l'aviation et le trafic maritime réunis –, elle pollue aussi les océans en relâchant des centaines de milliers de tonnes de micro-plastiques qui proviennent des fibres synthétiques. Elle est enfin à l'origine d'une consommation phénoménale d'eau, qu'elle pollue avec les produits chimiques employés dans sa production (teintures…).

Réparer les vêtements

On peut aussi penser à réparer ou faire réparer ses vêtements. Pour celles et ceux qui veulent apprendre, des solutions existent. Internet regorge de cours de couture et de milliers de tutos pour répondre à un problème bien spécifique – réparer une fermeture Éclair, recoudre un trou ou un bouton, repriser une chaussette, bref, raccommoder, remailler, rapiécer… Et pour les personnes que la convivialité tente, les cours de couture en groupe se développent.

Meubles, LIVRES et JOUETS… *l'occasion* n'est pas RARE !

Le marché de l'occasion du mobilier ne s'arrête pas aux vide-greniers et aux brocantes. Internet est devenu un immense marché pour chiner et dénicher le joli meuble vintage à bas prix qui ne générera pas de déchet. Plusieurs sites existent, comme **Le Bon coin** ou **Ebay**, mais on trouve aussi des sites spécialisés dans la vente d'objets déco et de meubles d'occasion.

Le plaisir de redonner soi-même une seconde vie à un meuble fait de plus en plus d'adeptes, d'autant que le nombre de tutos disponibles sur Internet est infini.

Il en va de même pour les livres. Si ceux d'occasion se vendent un peu partout, on remarque notamment **Recyclivre.com**, une entreprise écocitoyenne engagée : 10 % du chiffre d'affaires est reversé à des associations et des programmes d'action de lutte contre l'illettrisme, en faveur de l'accès à la culture pour tous et de la préservation de nos ressources.

Côté jouets, le premier réflexe consiste à se tourner vers les plateformes en ligne déjà citées. Des millions de jouets sont ainsi disponibles à des prix imbattables et permettent d'économiser toute la matière première, l'énergie, le transport qui auraient été nécessaires à acquérir un jouet neuf. Les brocantes, elles aussi, regorgent de jouets que les enfants peuvent toucher, apprécier, choisir… et emporter.

LES COMMANDES SUR *INTERNET*

S'il est toujours mieux de commander un objet d'occasion sur Internet que de l'acheter neuf sur un site, ça n'est pas sans dommages pour la planète, car ces objets seront emballés, transportés, et donc pollueront. Rien de tel que les brocantes et autres vide-greniers pour acheter d'occasion sans polluer !

L'upcycling : on RECYCLE… par le HAUT

L'« upcycling », aussi appelé « surcyclage », n'est pas un simple recyclage. Il s'agit de récupérer des produits dont on ne se sert plus afin de les valoriser, de leur donner une autre utilité, voire une utilité supérieure. L'upcycling ne repose sur aucune transformation chimique et ne consomme donc pas autant d'énergie ni de ressources naturelles que le recyclage.

En plus de jouer la carte de l'économie circulaire, la transformation des objets ne consomme pas ou peu d'énergie et implique d'être créatif. Avant d'acheter – même des objets d'occasion –, on peut penser à donner une seconde vie à nos objets. Qu'il s'agisse de meubles, de tissus ou encore de bien d'autres objets. Internet fourmille d'idées !

Un mot NOUVEAU

Le mot « upcycling » a été utilisé pour la première fois en Allemagne, au milieu des années 90, par Reiner Pilz, un ancien ingénieur mécanique reconverti dans l'aménagement intérieur, qui déplorait alors que la société recycle ou détruise tout avant même d'avoir réfléchi à un moyen de redonner de la valeur à des objets usés ou usagés.

Quelques exemples…

Une vieille **paire de draps** fera d'excellents chiffons, mais aussi des mouchoirs réutilisables ou encore des murs d'une cabane d'intérieure pour les enfants. Une **serviette de bain** pourra être transformée en gants de toilette, en sac de plage, en bavoir, en essuie-tout. Les **meubles** ? De vieux tiroirs peuvent se changer en compartiments de rangement de salle de bains, une chaise trouver une nouvelle vie en porte-serviettes et une table donner naissance à deux consoles. D'anciens **CD** peuvent servir – une fois redécorés ou non – de sous-verre, de vieux **pneus** devenir balançoires, bacs à fleurs…

Du côté du numérique

L'impact écologique du numérique est croissant, et s'il n'est pas question de se passer de ces nouveaux outils, on peut adopter des gestes écoresponsables qui limiteront leur impact.

UN PEU d'écologie DIGITALE

C'est en dizaines de milliards que se comptent les smartphones, consoles de jeux, téléviseurs et autres ordinateurs sur la planète. Or ces produits polluent, au même titre que la navigation sur Internet ou les data centers qui stockent les innombrables données du Web. Pourquoi et de quelles manières polluent-ils ? Quels sont les gestes à adopter pour minimiser notre impact ?

Une pollution DIFFICILEMENT chiffrable

Il est difficile de quantifier de manière précise l'empreinte carbone du numérique. D'abord parce que cela dépend de ce que l'on associe au terme « numérique » : smartphone et Internet seulement, ou y ajoute-t-on les data centers, les réseaux… ? Ensuite parce que cela peut inclure, ou non, la consommation d'énergie liée à la fabrication, le transport de ces produits, le recyclage ou encore le temps d'utilisation. Or les seules informations dont disposent ceux qui souhaitent calculer cet impact sont le nombre d'objets neufs vendus. Tout le reste n'est, à cette heure, qu'hypothèse.

En revanche, on sait que ces milliards de produits nécessitent une exploitation grandissante de ressources non renouvelables, comme les **métaux rares,** mais aussi l'**eau douce,** et que cette production engendre une pollution liée à l'exploitation des mines, à la fabrication des composants comme au recyclage des équipements.

Il faut y ajouter les conséquences sociales qui vont de la violation de droits humains à des conflits qui sont liés à l'accès à l'eau ou aux terres riches en métaux prisés par cette industrie. Si on ne peut chiffrer avec précision l'impact du numérique sur l'environnement, on sait qu'il est important et qu'il ne fait que grandir.

Zoom sur LE SMARTPHONE

Les dessous de sa fabrication

De l'extraction des matières premières jusqu'à leur fin de vie, le cycle de vie des smartphones est une calamité pour la planète. De plus en plus élaborés, ils demandent toujours plus de matériaux spécifiques.

Des CHIFFRES qui en disent LONG !

- 10 milliards de smartphones ont été vendus dans le monde depuis 2007, 1,555 milliard durant la seule année 2018.
- 88 % des Français changent leur téléphone portable alors qu'il fonctionne encore… Ce changement s'opère en moyenne tous les 2 ans.

Des métaux que l'on retrouve dans les cartes, le boîtier, l'écran tactile ou la batterie.

Dans les dizaines de métaux aujourd'hui utilisés, de plus en plus de métaux rares sont nécessaires, dont l'extraction est très polluante. Les eaux indispensables à la phase de raffinage sont rejetées tout en étant chargées de métaux lourds. Elles viennent alors polluer les nappes phréatiques et, de fait, les cultures en Asie du Sud-Est, en Afrique centrale ou en Amérique du Sud, quand les pays occidentaux sont les plus grands consommateurs de smartphones.

Les bons réflexes à adopter

Face à ce constat, comment améliorer la situation à notre niveau ?

• En premier lieu, ne pas se jeter sur la dernière nouveauté alors que l'on a un portable qui fonctionne très bien. On peut également choisir un smartphone **plus « durable »,** un modèle solide, démontable, qui possède une batterie remplaçable. Il convient d'éviter les grands écrans (qui nécessitent plus de matériaux rares).

UN RECYCLAGE INSUFFISANT

Seulement 15 % des téléphones sont collectés pour être recyclés. Au moins 30 millions d'appareils dorment ainsi dans des tiroirs.

• **Prendre soin** de son téléphone prolongera sa durée de vie : les coques et film de protection pour éviter la casse, l'arrêt de leur utilisation lorsqu'ils chauffent, une mise en charge ni trop courte ni trop longue. Les téléphones qui tombent en panne sont souvent parfaitement réparables, qu'ils soient sous garantie ou non. Pour rappel, les smartphones bénéficient d'une garantie légale de 2 ans.

• Enfin, les téléphones anciens méritent d'être recyclés. Ceux collectés sont recyclés ou **reconditionnés.** Il suffit de les rapporter en magasin (les distributeurs de ces produits ont l'obligation de reprendre les anciens appareils).

Acheter d'OCCASION

Bonne nouvelle, le marché de l'occasion est en plein essor du côté du high-tech et de nombreux sites où les produits sont reconditionnés et revendus se développent. Le reconditionnement est une tendance forte qui remporte un fort succès, car il rassure : les appareils sont récupérés, puis nettoyés et révisés par des professionnels pour être revendus sous garantie.

On trouve aujourd'hui ces téléphones régénérés partout : sur les sites spécialisés, mais aussi sur les plateformes en ligne, spécialisées ou non, chez les opérateurs, dans la grande distribution… Et cette réalité s'étend à bien d'autres produits. D'une manière générale, tous les types de produits électroniques et/ou high-tech sont reconditionnés et vendus d'occasion. **Asgoodasnew, Back Market, reBuy**, par exemple, sont des acteurs importants de ce marché.

Mieux UTILISER Internet

Chercher une information sur un moteur de recherche, envoyer un e-mail, liker un post, regarder une vidéo, partager un article… tous ces actes, aujourd'hui anodins, consomment beaucoup d'énergie. S'il n'est pas ici question de ne plus utiliser Internet, on peut décider de minimiser notre empreinte carbone numérique en adoptant de nouveaux gestes.

Les moteurs de recherche écoresponsables

• **Ecosia :** le moteur de recherche qui plante des arbres. Créé en 2009 à Berlin, il utilise ses revenus publicitaires (80 %) pour financer le reboisement là où les besoins sont les plus importants à travers le monde (Burkina Faso, Pérou, Madagascar…). En plus de replanter des arbres, Ecosia a choisi en 2017 d'investir dans des panneaux photovoltaïques pour alimenter ses serveurs. Un compteur du nombre d'arbres déjà plantés par les utilisateurs d'Ecosia est présent sur la page d'accueil (qui affiche un nombre de plusieurs dizaines de millions !). Il faut 45 recherches en moyenne pour planter un arbre.

Les résultats affichés par le moteur de recherche sont générés par Bing, améliorés par des algorithmes particuliers développés par Ecosia.

• **Lilo :** lancé en 2015, ce moteur de recherche permet de soutenir des projets environnementaux et sociaux. (Il s'agit d'un métamoteur qui se sert des résultats de Google, de Yahoo et de Bing pour répondre aux requêtes des internautes.) 50 % des revenus publicitaires sont reversés par l'entreprise aux projets répertoriés sur son site. L'utilisateur, *via* des « gouttes d'eau » cumulées au fil des recherches (une recherche = une goutte d'eau) peut choisir les projets auxquels il souhaite contribuer.

• **Ecogine :** de plus petite envergure, ce moteur de recherche made in France est né en 2008 et permet de financer des associations environnementales sélectionnées par les internautes.

La vidéo

Avec le jeu vidéo, la vidéo est un format multimédia qui demande une puissance de calcul conséquente – pour son stockage comme pour son transfert – et qui a alors un coût environnemental notable. Si on prévoit de voir ou écouter une vidéo ou une musique plusieurs fois, mieux vaut la **télécharger** pour une consultation hors connexion, plutôt que de répéter un transfert à chaque fois. De même, « écouter » une musique sur YouTube – avec une vidéo qu'on ne regarde bien souvent pas – est beaucoup plus énergivore qu'écouter la même musique sur une plateforme de streaming musical.

LES ÉMISSIONS DE *GAZ À EFFET DE SERRE* GÉNÉRÉES PAR LE *NUMÉRIQUE*

Selon l'Ademe (novembre 2018), **28 %** sont dues aux infrastructures réseau, **25 %** aux data centers, **47 %** aux équipements des consommateurs (ordinateurs, smartphones, tablettes, objets connectés, GPS…).

Le cloud

Le cloud aussi est un grand consommateur d'énergie. Nous stockons sur des drives ou des box toutes sortes de données plus ou moins lourdes, pour des raisons personnelles ou professionnelles, qui nous sont accessibles de manière permanente, et c'est cette constante disponibilité qui consomme souvent inutilement de l'énergie. Aussi est-il préférable de ne conserver en ligne que ce dont on se sert quotidiennement ; les autres données trouveront leur place sur un disque dur externe, par exemple.

Les e-mails

Le poids d'un e-mail – alourdi par des signatures et/ou des pièces jointes – ainsi que le nombre de destinataires fait varier son impact. On peut, en plus de viser plus juste le nombre de destinataires, utiliser des fichiers compressés, des images et des pdf en basse définition ou, si l'on utilise une image (logo) dans sa signature, transformer le texte et le logo en une seule image basse définition. Les pièces jointes lourdes peuvent être adaptées en lien hypertexte. À savoir : l'usage des sites de transfert de fichiers lourds n'est pas la solution la plus écologique.

NUMÉRIQUE ET PAPIER

Si on a pu imaginer – espérer ? – que le développement du numérique s'accompagnerait d'une diminution de la consommation de papier, il en va tout autrement. On imprime à tout va et on consomme du papier comme s'il en pleuvait. Pour éviter un gâchis qui ne concerne pas uniquement le papier, quelques gestes peuvent être mis en place : imprimer seulement ce qui doit l'être ; s'en tenir aux impressions en noir et blanc et recto verso ; utiliser les feuilles imprimées en brouillon lorsqu'elles ne servent plus ; éviter d'imprimer les documents très sombres (gourmands en encre) ; choisir du papier labellisé.

Il est encore possible de **nettoyer régulièrement** sa boîte e-mail en supprimant définitivement ceux qui ne sont plus utiles (la majorité d'entre eux) et en installant un anti-spam qui supprime immédiatement les courriers indésirables.

Au-delà des e-mails, on peut aussi vider le « cache » de son navigateur (un système de mémoire intermédiaire qui permet d'afficher plus rapidement les pages Web chargées récemment dans le navigateur).

LA DIGITAL DÉTOX : *DÉPOLLUER LA PLANÈTE ET SON CERVEAU*

Si les petits bijoux technologiques que sont nos smartphones et autres ordinateurs et tablettes nous apportent des avantages indéniables, ils nous envahissent. Nous sommes hyperconnectés en permanence, nous n'avons plus un seul interstice de temps libre, de temps « vide ». Une digital détox implique de se détourner de son outil connecté, que ce soit pour quelques heures, tout un week-end ou quelques jours. Il s'agit de mettre fin à des sollicitations permanentes – choisies ou non –, de rendre à notre cerveau un peu de liberté. En tout cas, des moments d'inactivité – ces précieux intervalles durant lesquels il n'est pas mobilisé par des images, des sons. Les neurones se mettent alors à travailler pour prendre le recul nécessaire à la réflexion, à l'introspection ou au travail de la mémoire. Le but n'est autre que de retrouver du temps pour soi, se retrouver tout court, se ressourcer.

Jardin,
BALCON
et intérieur

Plantes et mini-potagers

Jardins, terrasses et balcons sont autant d'endroits où on peut cultiver des fruits, des légumes ou des aromates sans engrais chimiques.

UN BEAU *jardin* EN VILLE

Lorsque l'on possède un jardin, la culture d'un potager est très accessible. Et elle le reste si l'on habite en ville, car les potagers urbains peuvent se développer sur une terrasse ou un balcon. Ils peuvent même voir le jour dans nos intérieurs !

Des fruits et légumes sur le balcon

On voit plus volontiers des fleurs pousser sur les balcons des villes. Pourtant, ces petites surfaces peuvent facilement se transformer en mini-potagers. On ne peut bien sûr pas tout faire pousser sur un balcon, mais certains légumes sauront s'acclimater à la culture en pot – à condition que le soleil soit de la partie. Si l'ensoleillement est important, courgettes, poivrons et tomates sauront mûrir ; si le soleil est plus discret mais présent, radis et carottes s'en sortiront !

La culture en pot demande d'être attentif à la taille du pot, qui doit convenir à celle de la plante que l'on souhaite faire pousser. Le pot sera troué – la plante et les racines en particulier doivent pouvoir respirer. Il faut prêter de l'attention au terreau qui sera enrichi en compost, car il y a peu de terre et elle doit alors être riche en nutriments.

PLANTER *PÉPINS* ET *NOYAUX*

Noyaux d'abricot, de pêche, de cerise, de mangue ou d'avocat, mais aussi pépins d'agrumes, de pastèque ou de melon… Pépins et noyaux adorent germer, puis pousser dans nos intérieurs. Il faut aussi penser aux dattes, litchis ou fruits de la Passion, des fruits exotiques qui aimeront la chaleur.

Pour avoir des litchis :

1. On récupère plusieurs noyaux de litchis auxquels on enlève la fine pellicule blanchâtre qui les entoure.

2. On en plante plusieurs (au cas où tous ne germeraient pas) dans un même pot de terreau bien drainé en les recouvrant complètement.

3. Le pot doit être placé dans une pièce chauffée (l'hiver) et le substrat doit rester humide. La germination sera rapide, mais la croissance, une fois les premières feuilles apparues, sera plus lente. Arrosez régulièrement, mais pas trop. Il faut veiller à ce que le substrat ne se dessèche pas complètement (en hiver, on peut laisser le terreau sécher en surface uniquement).

Les LÉGUMES les + FACILES à faire pousser EN POT

Les tomates, haricots nains, laitues, poivrons, radis, épinards, petits pois, carottes ou encore les aubergines, courgettes, blettes, oignons nouveaux et l'ail. Il s'agit surtout d'éviter les espèces à enracinement profond et/ou à croissance lente. Avec peu d'espace, les légumes qui grimpent (haricots, pois) sont une aubaine.

Petit potager AROMATIQUE d'intérieur

Pas de jardin, de terrasse ou de balcon ? Il reste la possibilité de cultiver un petit potager d'intérieur. Les aromates sont de loin les plus faciles à cultiver. Peu exigeants pour la plupart, ils s'épanouissent généreusement et viennent parfumer les plats faits maison tout en apportant une touche de déco en cuisine ou ailleurs. Autre atout dès lors que l'on cultive en intérieur : il n'y a plus de saison et tous peuvent pousser tout au long de l'année.

• ***Choix.*** Certaines de ces plantes sont persistantes, pouvant ainsi vivre plusieurs années et subsister à l'hiver (sauge, menthe, thym, romarin…), quand d'autres sont annuelles et vivent en général moins d'un an (aneth, basilic, coriandre…).

• ***Exposition.*** Si certaines sont gourmandes en soleil (ciboulette, coriandre, origan, romarin, sauge

ou thym), d'autres se contentent d'un ensoleillement limité (cerfeuil, estragon, laurier, menthe et persil).

• *Entretien.* Pour les cultiver, autant utiliser des matériaux de récupération comme des boîtes de conserve. Idéalement, il faut faire un trou dans le fond pour le drainage et déposer la boîte sur une coupelle qui récupérera l'éventuel excès d'eau. Il suffit ensuite de remplir les pots et/ou boîtes de terreau, de semer les graines et d'arroser dès que la terre semble un peu sèche.

Des plantes « dépolluantes » ?

On souhaite tous respirer un air dépollué, dépourvu en tout cas des substances toxiques, les composés organiques volatils qui pullulent chez nous notamment à cause des produits d'entretien. Rappelons ici que nos intérieurs sont, la plupart du temps, davantage pollués que l'air à l'extérieur… Malheureusement, cette dépollution ne se fera pas par ces plantes que l'on retrouve couramment dans les jardineries et qui affichent l'adjectif « dépolluantes ».

Cette idée reçue, largement reprise comme argument commercial, ne vient pas de nulle part. Plusieurs études scientifiques, dont l'une menée par la Nasa, se sont penchées sur la capacité de certaines plantes à capturer des polluants, l'idée étant d'épurer un air qu'on ne peut pas renouveler, comme dans une fusée. Si certaines plantes se sont révélées actives dans ce domaine, ce fut dans des conditions de laboratoire qui ne sont absolument pas reproductibles dans nos intérieurs… Pour dépolluer ceux-ci, la meilleure solution reste d'aérer au moins **30 minutes par jour** chaque pièce de la maison.

LE PARTAGE AU JARDIN

Pas de jardin, mais la main verte ? Pensez aux jardins partagés ! En France, c'est à l'abbé Lemire que l'on doit cette belle idée de jardins, d'abord appelés « jardins ouvriers ». Animé par le désir d'aider des ouvriers aux conditions de vie difficiles à la fin du XIXe siècle, il incitait les familles à se retrouver pour partager un moment et une activité. C'est la vocation sociale de ces jardins qui primait et prime encore, en plus du plaisir de cultiver ses propres fruits et légumes.

Le compost, l'or noir du jardin

Que l'on soit en appartement ou que l'on habite une maison avec un jardin, on peut prendre soin de la nature, voire l'aider et la booster. Bien sûr, on oublie les pesticides et les engrais chimiques… Bienvenue au compost !

LE COMPOST, toute UNE HISTOIRE

Le compostage est un processus biologique qui permet de valoriser des matières organiques en un produit riche apprécié des végétaux. Il est très proche de l'humus qui se crée spontanément dans la nature et qui fait la bonne fertilisation des sols. L'homme s'en est alors inspiré pour imaginer le compostage et nourrir ainsi la nature qui le nourrit. Un cercle vertueux dans lequel chacun peut se glisser.

Les VERTUS du compostage

Lorsque l'on a un jardin, le compostage s'impose ! Il réduit drastiquement les déchets de nos poubelles et offre aux plantes, aux arbres, aux fleurs, aux fruits et aux légumes, une matière noble qu'ils sauront apprécier. Il suffit d'avoir un composteur (que l'on achète ou que l'on fabrique) et d'y déposer notamment les déchets organiques du quotidien en respectant quelques règles.

À quoi sert le compost ?

Le compost est souvent considéré comme un engrais. Il est pourtant bien plus que cela : s'il enrichit le sol en éléments nutritifs – comme les engrais –, il améliore également sa structure, sa stabilité et donc sa fertilité, et ce de manière durable. Le compost, en

achevant de se décomposer dans le sol, apporte aux plantes les principaux minéraux et oligoéléments dont elles ont besoin : azote, potassium, phosphore et autres.

Matière humide et matière sèche

Deux catégories de matières premières peuvent être compostées :

• *Les matières humides :* dites « vertes » ou « molles », elles sont riches en azote. Plus facilement décomposables, elles sont nourrissantes pour les bactéries : épluchures, feuilles mortes, foin, fleurs coupées et fleurs fanées, gazon et mauvaises herbes, marc de café et sachets de thé, restes de fruits et de légumes, restes de pain (à réduire en morceaux et à humidifier) et de repas.

• *Les matières sèches :* dites « brunes » ou « dures », elles contiennent du carbone. Plus difficilement décomposables, elles iront nourrir les champignons : cartons (non imprimés et coupés en petits morceaux), coquilles d'œuf et coques de fruits secs, écorces d'arbres, essuie-tout, mouchoirs en papier, papier (non imprimé), filtre à café, fumier d'herbivores, paille, foin, sciure et copeaux de bois.

Certaines matières sont plus équilibrées que d'autres comme les feuilles mortes, le foin ou le marc de café. Pour un bon compost, il faut veiller au **bon équilibre** entre matières humides (environ deux tiers) et sèches (environ un tiers).

Si le compost commence à pourrir et à dégager de vilaines odeurs, c'est le signe d'un trop-plein de matières humides. Si les déchets semblent ne plus être dégradés ou s'ils se dégradent moins rapidement que d'habitude, ce sont les matières sèches qui sont en trop grand nombre.

Un peu d'air !

Le compost doit être aéré. Il faut brasser les matières généreusement une ou deux fois par mois à l'aide d'une fourche. Ce travail donne de l'oxygène aux décomposeurs et évite la fermentation des déchets.

Le COMPOST d'intérieur

En appartement, on se repose sur les vers : on parle alors de **lombricompostage**. Le lombricomposteur est une sorte de cube qui compte plusieurs boîtes superposées et trouées pour faciliter le passage des vers.

On y met principalement des matières humides (les déchets organiques) et des matières sèches (carton non imprimé, par exemple). Le rapport doit être de deux tiers de biodéchets pour un tiers de carton environ. Ce sont ensuite les vers (les lombrics) qui font le travail en se nourrissant des déchets et en produisant des déjections.

Il faut remplir le bac inférieur, puis une fois qu'il est plein, on passe au bac du dessus. Le lombricompost est formé dans le premier bac lorsque les vers l'ont quitté après leur besogne. Sans odeur, il a la consistance d'un terreau. Le temps est venu de récolter le lombrithé, un liquide riche en nutriments pour les végétaux, par le biais du petit robinet.

Où l'installer ? À l'intérieur de son appartement, sur le balcon ou la terrasse (attention toutefois : les lombrics ne supportent pas une température au-dessous de 0 °C ni au-dessus de 35 °C).

Comment UTILISER le compost ?

• **Pour les plantes de la maison.** En surfaçage des plantes en pot : on retire 2 cm de substrat en surface pour le remplacer par du compost.

• **À l'extérieur.** Le compost peut servir pour le potager avec des apports variables selon les plantations, au verger où il apportera tous les nutriments nécessaires aux arbres et aux buissons, et pour les pelouses ou les plantes à fleurs.

RECETTE DE TERREAU MAISON

• **Si la terre est lourde,** mélangez : 50 % de terre de jardin + 25 % de compost + 25 % de sable.

• **Si la terre est légère et friable,** mélangez : 70 % de terre de jardin + 30 % de compost.

Les animaux alliés du jardin

La nature étant bien faite, autant l'écouter, voire l'encourager. La présence de certaines petites bêtes est une vraie bénédiction pour les plantations et la culture biologique.

IL FAUT de tout au JARDIN !

Les amis du jardinier sont nombreux, à commencer par les insectes. Mais si on trouve en plus des vers, des hérissons et qu'on ajoute des poules, alors jardins et potagers seront comblés. Les amis du jardinier sont pour certains des décomposeurs qui transforment les déchets végétaux et animaux en humus. Pour d'autres, des pollinisateurs qui œuvrent pour la reproduction des plantes ou des prédateurs qui mangent les ravageurs.

Les INSECTES : indispensables

Coccinelles, abeilles, perce-oreilles, carabes… ces insectes utiles aux plantations, au jardin comme au potager, sont appelés « auxiliaires », du latin *auxiliaurus* (« venant à l'aide »). Ils sont les acteurs d'une véritable lutte biologique naturelle. La présence des insectes auxiliaires régule celle des ravageurs, les cultures sont ainsi protégées, et ce sans avoir recours aux pesticides.

• **Les abeilles** domestiques, solitaires et **les bourdons :** ce sont les principaux insectes pollinisateurs. L'aide de l'abeille domestique est précieuse pour la productivité de certains légumes et pour la plupart des arbres fruitiers. L'abeille solitaire, plus petite que la domestique, pollinise les fleurs que cette dernière ne peut visiter. Excellent pollinisateur de nombreuses plantes, le bourdon est le seul ou presque à féconder vraiment efficacement les tomates.

• **Les coccinelles :** figures emblématiques du jardinage bio, elles ne demandent qu'à rendre service. Ces jolies petites bêtes à pois sont de grandes prédatrices de pucerons. Chaque coccinelle, et plus encore ses larves, mange des dizaines de pucerons par jour. En revanche, elles ne sont actives que durant le printemps et l'été.

SOS pour les abeilles !

Les abeilles sont les garantes de notre alimentation. Mais les populations d'abeilles domestiques ont chuté de **25 %** en Europe entre 1985 et 2005. Pourtant, **75 %** de la production mondiale de nourriture dépend des insectes pollinisateurs et entre 60 et **90 %** des plantes sauvages ont besoin d'insectes pollinisateurs pour se reproduire.

• *Les carabes :* de la famille des coléoptères, prédateurs de nombreux ravageurs du jardin, il en existe plus de 50 espèces qui sont très efficaces. Larves et adultes mettent à leur menu les limaces et escargots, les pucerons et les larves de chenilles.

• *Les chrysopes :* leurs larves sont particulièrement voraces, plus encore que celles des coccinelles. Elles se nourrissent principalement de pucerons, d'araignées rouges, de chenilles de certains papillons et de cochenilles. Elles peuvent s'attaquer autant aux œufs de ces ravageurs qu'à leurs larves ou aux adultes. Les chrysopes parvenues au stade adulte sont moins utiles puisqu'elles se nourrissent de pollen et de nectar.

• *Les staphylins odorants :* discrets et nocturnes, ces coléoptères bleu nuit sont des voraces qui apprécient les escargots, les limaces et leurs œufs, ainsi que les larves de nombreux parasites.

• *Les punaises :* certaines sont prédatrices des psylles, pucerons, acariens, cochenilles…

• *Les perce-oreilles :* ils chassent les petits insectes (ils aiment les acariens et les pucerons). Mais attention, ils apprécient aussi les fruits bien mûrs comme les pêches, les abricots et les prunes !

• *Les syrphes :* comme les abeilles, les bourdons et les guêpes, les syrphes sont des insectes pollinisateurs. Leurs larves, quant à elles, sont des auxiliaires qui se nourrissent de pucerons.

Un hôtel à INSECTES au jardin

• *Son objectif premier.* C'est de favoriser l'existence des espèces d'insectes auxiliaires. Il ne s'agit pas d'introduire artificiellement des populations d'insectes bénéfiques, mais de les attirer dans son jardin, de les encourager à y rester, afin qu'ils se nourrissent des espèces nuisibles et/ou assurent la pollinisation. Avoir un hôtel de ce type favorise aussi la biodiversité locale.

• *Composition et architecture.* Il doit présenter des nichoirs de types différents, adaptés aux besoins de chacune des espèces. Cageot, paille, brindilles, branchages, vieilles souches, briques, terre, herbes sèches, pot de fleur, raphia, tiges creuses ou pleines, planche de bois, ficelle… tous ces matériaux servent à son élaboration.

• *Où l'installer ?* Un hôtel à insectes se place à proximité de fleurs ou d'arbres fruitiers afin d'offrir à leurs occupants, en plus du gîte, le couvert. Ils pourront ainsi hiberner, nicher, se nourrir et se reproduire. À savoir : en installant l'abri avant la fin de l'hiver, on a davantage de chances de le voir occupé dès le mois de mars. La diversité des insectes accueillis s'enrichira au fil des mois et des années.

Vers, oiseaux, lézards et hérissons

• *Les vers :* ils jouent un rôle fondamental pour les sols. S'il existe des milliers d'espèces de vers, tous contribuent à leur fertilité naturelle. On en distingue trois types. Ceux de petite taille, les épigés, qui sont en surface et se nourrissent de matières organiques et de débris végétaux. Les endogés, de taille moyenne, creusent des galeries – qui aèrent les sols – et se nourrissent d'un mélange de terre et de matières organiques. Les anéciques, de grande taille, évoluent dans de profondes galeries verticales, car après être allés chercher leur nourriture à la surface, ils l'enfouissent en profondeur. Par ailleurs, si les vers de terre sont utiles aux sols, ils le sont tout autant pour l'équilibre des oiseaux dont ils constituent une partie de la nourriture.

• *Les oiseaux :* comme les vers, ils participent à l'équilibre des écosystèmes, car au moment des beaux jours, ils chassent les insectes et les larves pour nourrir leurs petits. Durant l'hiver, ils se reportent vers

QUAND FAUT-IL NOURRIR LES OISEAUX ?

On a envie de les aider, mais ce nourrissage volontaire n'est pas sans conséquences, notamment lorsqu'il est foisonnant comme en Angleterre où 70 % des foyers offrent des mangeoires aux oiseaux. On sait que certains oiseaux arrêtent ou déroutent leur migration, d'autres espèces cessent d'être insectivores, d'autres encore voient leur cycle de reproduction changer. Le plus sûr est sans doute de respecter deux règles de base : rincer régulièrement les mangeoires avec eau et savon, et ne pas nourrir les oiseaux en dehors de la saison froide, de mi-novembre à mars.

les baies et les graines, car les insectes, chenilles ou araignées sont plus difficiles à trouver.

• *Les lézards :* eux aussi se régalent de petites bêtes, parasites des plantes ou non.

• *Les hérissons :* ils s'en prennent aux insectes, mais également aux limaces et escargots qui peuvent pulluler dans les jardins et les potagers.

La poule idéale

• Plusieurs races de poules sont particulièrement pondeuses et s'apprivoisent facilement (idéal pour toute la famille). La **poule rousse**, aussi appelée « poule fermière », est la plus répandue.

• La **Marans** est une poule de grande taille, connue pour ses gros œufs de couleur rousse.

• La **Bourbonnaise**, de couleur blanche, a l'avantage de s'acclimater partout, au froid comme aux chaleurs estivales.

• La **Cou-nu du Forez**, si elle n'est pas très jolie, est très agréable de caractère !

LE HÉRISSON, une espèce protégée

Depuis 2007, il est interdit de détruire, capturer, transporter ou commercialiser le hérisson d'Europe. Cette protection du hérisson s'explique par sa disparition inquiétante du territoire : en 20 ans, 70 % des hérissons ont disparu en France. Les raisons sont multiples, mais l'ingestion directe de pesticides dans les jardins et cultures en est le principal facteur.

Les POULES

Les poules sont à part, d'abord, car contrairement aux animaux précédents, il faut s'en occuper – elles doivent être nourries et logées dans un poulailler –, ensuite parce qu'elles sont pleines de ressources ! Comme d'autres, elles se régalent de limaces, escargots et autres insectes ; en picorant, elles aèrent la terre ; quant à leurs déjections, elles nourrissent les sols. Attention, à l'arrivée du printemps, les poules se régalent aussi des semis – il est donc conseillé de ne pas les laisser aller dans le potager à cette période.

Au-delà de cette aide déjà fort remarquable, les poules nous permettent de diminuer les quantités de déchets. En effet, les restes de la cuisine peuvent représenter jusqu'à 30 % de leur alimentation, et elles consomment jusqu'à 150 g de nourriture par jour. Cerise sur le gâteau, elles pondent des œufs ! Une poule peut pondre jusqu'à 250 œufs par an.

Dans la même collection !

PAPIER À BASE DE FIBRES RECYCLÉES

LAROUSSE s'engage pour l'environnement en réduisant l'empreinte carbone de ses livres. Celle de cet exemplaire est de : 400 g éq. CO_2
Rendez-vous sur www.larousse-durable.fr

Pour les éditions Larousse, le principe est d'utiliser des papiers composés de fibres naturelles, renouvelables, recyclables et fabriquées à partir de bois issus de forêts qui adoptent un système d'aménagement durable. En outre, les éditions Larousse attendent de leurs fournisseurs de papier qu'ils s'inscrivent dans une démarche de certification environnementale reconnue.

Notre imprimeur, Pollina, a la préoccupation de protéger l'environnement, avec une production minimale de déchets et un recyclage toujours plus présent. À ce jour l'imprimerie Pollina a obtenu le label Imprim'vert ainsi que les certifications PEFC™ et FSC® qui sont renouvelées avec succès chaque année.

Imprimé en France par Pollina, à Luçon (Vendée) - 92170
Dépôt légal : avril 2020
324966/01- 11042906 - mars 2020